你只是看上去在陪孩子写作业

王 佳／编著

吉林文史出版社
JILIN WENSHI CHUBANSHE

图书在版编目（CIP）数据

你只是看上去在陪孩子写作业 / 王佳编著 . -- 长春：
吉林文史出版社，2023.5

ISBN 978-7-5472-9140-5

Ⅰ . ①你… Ⅱ . ①王… Ⅲ . ①学习方法－家庭教育
Ⅳ . ① G791 ② G782

中国版本图书馆 CIP 数据核字 (2022) 第 196653 号

你只是看上去在陪孩子写作业

NI ZHISHI KANSHANGQU ZAI PEI HAIZI XIE ZUOYE

编　著	王　佳	
出 版 人	张　强	
责任编辑	张雅婷	
封面设计	郑金霞	
出版发行	吉林文史出版社	
地　　址	长春市净月区福祉大路 5788 号出版大厦	
印　　刷	天津海德伟业印务有限公司	
开　　本	640mm×910mm　　1/16	
印　　张	12	
字　　数	113 千	
版　　次	2023 年 5 月第 1 版	
印　　次	2023 年 5 月第 1 次印刷	
书　　号	ISBN 978-7-5472-9140-5	
定　　价	69.00 元	

"不写作业母慈子孝，一写作业鸡飞狗跳。"有人说现在的父母太难当了，不准备好速效救心丸，都不敢陪孩子写作业。有一位南京的妈妈在陪孩子写作业的过程中气出了心肌梗死。这位只有 36 岁的妈妈，有一个上小学三年级的孩子，孩子写作业时，她都会亲自辅导。事发当天晚上，她正在给孩子讲一道数学题，讲了好几遍，孩子都不会。这位妈妈顿时气不打一处来，正想揍孩子的时候，就感觉到心慌，喘不过气来，赶紧让孩子的爸爸把她送医院去了。

还有一位长沙的爸爸，陪孩子写作业，发火捶桌子捶到手骨折。这位爸爸在教育孩子时，因为彼此意见不一致，一气之下，用手捶向桌子，顿时手掌瘀青红肿，剧痛难以缓解，去医院一查才得知自己的右手骨折了。

很多父母可能会说，这气到心肌梗死、捶到骨折的场景简直不能再熟悉了，自己每天都在经历这样的崩溃。看到南京妈妈、长沙爸爸，很多家长想到了陪孩子写作业的自己。其实，这并不是特例，而是万千父母辅导孩子写作业的真实写照。这些父母每每对孩子大发雷霆后，都忍不住怀疑人生：到底是自己脾气太暴躁，还是我家孩子太愚笨？

　　提到辅导孩子写作业，父母总是有吐不完的苦水。陪孩子写作业真的有那么难吗？家长在辅导孩子写作业时，之所以会气到失控、歇斯底里，多半是因为方法没有用对。这样的父母只是做到了表面看似在陪孩子写作业。陪孩子写作业时，你反省过自己吗？有一些误区，你注意避免了吗？你知道孩子写作业出现问题的根源在哪里吗？你站在孩子的立场去进行良性沟通了吗？……看完这本书，相信你会找到所需的答案！

目录

第一章

你陪孩子写作业，真的有效吗

提到陪孩子写作业，很多父母都会感到头大。有一些家长在网络上吐槽，陪孩子写作业现场充满了"血雨腥风"。"望子成龙、望女成凤"，是中国家长最朴素的心愿。因为太渴望孩子成才，很多父母会自觉地把陪孩子写作业当成自己的一份责任去做。父母陪孩子写作业的初衷是好的，但用错了方法，出错了力，到头来只会两败俱伤。

陪写作业，陪的是什么

《中国中小学写作业压力报告》显示，我国中小学生作业压力较大，全国 91.2% 的家长曾经有过陪孩子写作业的经历，其中，78% 的家长更是每天陪伴孩子写作业。并且，随着孩子年级的升高，家长们陪写作业的压力也逐渐增大。此外，还有 75.79% 的家庭曾因陪写作业发生过亲子矛盾。

对于家长来说，白天工作，晚上陪孩子写作业，早已身心俱惫；对于孩子来说，家长不正确的陪伴，不但给自己提供不了正向支持，反而在本就繁重的作业压力下，又增加了一重压力。

有的父母陪孩子写作业，仅仅是坐在孩子身边，紧紧盯着孩子，看见孩子写作业不认真就忍不住大吼；有的父母给孩子讲题，讲几遍还不会，就忍不住气急败坏；有的父母看孩子写作业太慢，就忍不住代孩子写作业……用这些错误的方法陪孩子写作业，出现各种"抓狂"现场，也在意料之中。作为父母，我们是否认真想过，如果我们能找到一种陪写作业的正确方式，自己和孩子都能轻松、愉快地去对待作业。

陪孩子写作业，意义在哪里

很多家长虽然看起来是在陪孩子写作业，实际上却不知道自己为什么要这么做，只是单纯地认为"家长就应该陪孩子写作业"。在这样的状态下，自然很难做到有效地陪孩子写作业。作为父母，我们必须要知道陪孩子写作业的意义在哪里。相关心理学研究表明，人类都是趋于陪伴模式的。在有他人旁观的情况下，人们的工作表现往往比单独完成时的效果更好。由此可见，合理的陪伴，对于孩子写作业是有一定的促进作用的。

（1）家长的陪伴是孩子坚强的后盾，让孩子信心十足。

家长陪伴孩子写作业，可以让孩子切实感受到他的身边有支持者，他并不孤单，即使学习上遇到困难，他也能从容淡定地去面对。

（2）陪在孩子身边，可以及时了解孩子的学习情况。

通过陪伴孩子写作业，家长可以第一时间了解孩子对知识的掌握情况，并及时为孩子提供相应的建议和指导。

（3）家长可以帮助孩子答疑解惑，提升学习效率。

孩子在写作业的过程中，经常会遇到一些不会做的题，或是掌握不熟练的知识点。此时，如果仅靠孩子自己摸索，则要花费较多的时间解答疑问。而如果家长陪在孩子身边，便可以对孩子加以指导，让孩子在弄清题意后，更迅速地找出问题的答案。

（4）家长的督促检查，让孩子更好、更快地完成作业。

孩子作为未成年人，自制力相对较差，在写作业时容易出现分心、懈怠、拖拉等情况。而家长陪伴在身边，则可以起到一定的督促作用，让孩子更好、更快地完成作业。

陪孩子写作业，陪的是这三点

家长陪孩子写作业，主要有以下三个目的：

（1）帮助孩子养成良好的学习习惯。

良好的学习习惯是提高学习成绩必不可少的重要因素。家长陪孩子写作业，首先要帮助孩子养成良好的学习习惯。

例如，让孩子养成固定时间写作业的习惯。每天放学回家先写完作业，再去玩。让孩子养成复习——写作业——预习的学习顺序。让孩子独立完成作业，家长尽量不去干涉；让孩子自己整理书桌、书包……

（2）培养孩子积极稳定的学习情绪。

相关研究表明，拥有良好的学习情绪能够更快速地掌握新知识。

孩子在写作业时，常常会因为遇到困难而沮丧，此时，家长便要及时开导孩子，让孩子养成积极稳定的学习情绪。

例如，孩子在背诵课文时总是记不住，就会出现厌烦的情绪。这个时候，家长就需要安慰孩子，并指导孩子先熟悉课文，在理解的基础上进行背诵，便会更加容易记忆。并且，还要告诉孩子面对困难，用负面情绪去对抗是起不到任何作用的，只有积极寻找方法，问题才能迎刃而解。

（3）帮助孩子营造良好的学习氛围。

杨绛先生提到对女儿的教育，曾说道："我们对女儿，从来不训示。她见我和锺书嗜读，便也猴儿学人，照模照样拿来本书读，后来居然渐渐入道。"

良好的学习氛围对于孩子的学习至关重要，家长陪伴孩子写作业，可以彰显出家长对于学习的重视。并且，家长如果也可以与孩子一同学习，家庭中的学习氛围就会变得非常浓厚，孩子便会耳濡目染，同样用积极的态度对待学习。

家长在陪孩子写作业时，需要时刻谨记陪伴的意义和重点，用正确的陪伴为孩子提供有效支持，才能帮助孩子在学习的路上不断取得进步。

没有标准，作业只会越写越差

俗话说，没有规矩不成方圆。所谓规矩，就是标准。任何事情，都是因为有了标准，才有了衡量好坏的依据。陪孩子写作业也是同样的道理。如果家长没有对孩子写作业这一行为建立明确标准，那么就无法衡量孩子写作业时各种行为的好坏，最终孩子的作业只会越写越差。因此，家长要给孩子建立明确、合理的标准，并严格按照这一标准去执行，以此来保证孩子的作业质量和学习效果。

标准一：坐姿端正，保证良好的学习面貌

孩子写作业时，首先应该做到的就是坐姿端正。正确的书写姿势不仅能够减轻写作业时的疲劳，还能保证孩子身体的健康发育，避免由于坐姿不正确而导致的近视、斜视、脊椎弯曲等疾病。

写作业前，要让孩子端正坐姿。腰背自然挺直，胸部打开，双肩放平，胸口离书桌约一拳的距离，双臂自然放在书桌上略微张开。家长在陪孩子写作业时，要时刻注意孩子的坐姿。一旦孩子的坐姿出现问题，就要及时进行纠正。

标准二：保持书面整洁、清晰、美观

作为学生，书面是否整洁、清晰、美观，对于老师的判分心理会产生很大影响。

如果孩子的书面涂抹严重，例如习惯在书写错误的地方用笔涂抹成黑框，或是书写格式凌乱，整个卷面看起来就会非常凌乱，这必然会引起阅卷老师的反感，最终导致孩子在这一方面丢分。

整洁的卷面能够给老师留下好印象，为自己赢得一些"印象分"。因此，家长就要在陪伴孩子写作业的过程中，为其订立"保持书面整洁、清晰、美观"的标准，让其养成良好的书写习惯。

标准三：字迹工整

人们常说："字如其人。"一个人的字就是他的另一张脸。孩子的字迹，在一定程度上反映了他的性格，也会影响他人对孩子的印象。

很多孩子在写作业时，都存在以下问题：

（1）文字书写潦草，似是而非。例如，"明"字两部分间隔过远，成了"日"和"月"两个字。

（2）写字龙飞凤舞，看起来凌乱不堪。

（3）字迹过大或过小，过疏或过密，行距、字距没有章法。

（4）字迹过浓或过淡。过浓导致墨水印过纸张，过淡导致字迹不清晰，阅读吃力。

孩子的字迹潦草凌乱，不仅不利于孩子养成良好的书写习惯，还会给他人留下做事马虎的负面印象。因此，家长在陪孩子写作业时，要时刻监督孩子是否存在字迹不工整的问题，并在孩子出现问题时及时纠正，保证孩子作业的字迹清晰工整。

标准四：独立完成

很多孩子在写作业时，一遇到问题就马上向外界求助，或是问家长，或是上网查资料。长此以往，孩子就会对这种"便捷的方式"产生依赖，不愿意再动脑筋思考，其思维能力也会受到限制。对于孩子来说，认真学习、独立完成作业是他的"分内之事"，是他自己的责任。父母陪孩子写作业时，不要轻易地去帮助孩子，应督促他做好自己的"分内之事"。如果孩子百思不得其解，父母再去有针对性地进行引导。

标准五：先易后难

孩子在写作业时，尽量按照先易后难的顺序进行。

孩子的作业往往会涉及各类题目，而不同题目的难易程度各有不同，如果孩子先做难题，一方面，难题所花费的时间过多；另一方面，孩子的心理也会由于难题而产生压力，不利于继续做后面的题。

而如果孩子先将简单的题目做完，就可以有充分的时间思考难题，并且心理压力也会减小，学习效果也会更好。

因此，家长在陪孩子写作业时，要让他先写那些简单、容易的作业，有难度的作业留到后面去做。

标准六：作业完成后要自检

很多孩子写完作业就马上把作业装进书包，觉得写完作业就万事大吉了。其实，这是非常错误的做法。正确的做法是：在写完作业后，再将自己做过的题目重新检查一遍，也就是自检。

通过自检，可以看出在解题过程中是否存在漏洞，逻辑是否清晰，还可以快速找出自己的问题，并进行针对性的改正。

家长陪孩子写作业，如果没有章法，仅有形式上的陪伴，必然是无用的。只有给孩子建立作业标准，让孩子有标准可依，有方法可循，在规范的标准下，约束孩子的行为，才能做到高质量的陪伴。

你的奖励方法是正确的吗

有的家长陪孩子写作业时，为了让孩子好好学习，一味奉行"奖励原则"：不论孩子表现如何，他们都企图通过奖励的方式让孩子按照自己的意愿行事。这种方法有时虽然能够起到一些效果，但是如果使用不当，反而会适得其反，削弱孩子的学习热情。

我们先来看这样一则故事：

在一位老人的房子后面，有一片空地，许多小孩子都喜欢到这片空地上踢球。可是，孩子们的吵闹声却让老人苦不堪言。为此，老人曾经劝阻过这些孩子很多次，但是孩子们却并不把老人的话当回事，依旧天天到空地上踢球打闹。

无奈之下，老人想出了一个绝妙的办法。一天，老人将这些正在空地上踢球的孩子们叫到家里，对他们说："其实，我很喜欢你们在这里踢球，这让我无聊的生活有了一些乐趣。为了感谢你们，我决定给你们每个人一元钱，你们可以拿着钱去买一些好吃的。"孩子们听了老人家的话，纷纷表示同意，拿着钱高高兴兴地走了。

第二天，老人依旧奖励这些孩子钱，只不过变成了一人五毛钱。

第三天，老人只给了这些孩子每人一角钱。

逐渐减少的奖励让本来兴致勃勃的孩子们感觉到越来越失望，所以，在空地打球的孩子也逐渐变少了。

直到最后，老人不再给这些孩子奖励，渐渐地，就再也没有孩子来空地上踢球了。老人最终达到了自己的目的。

从这个故事中，我们可以看到，奖励的效果并非都是正向的，如果奖励不当，还会出现负面的消极效果。这一现象，被称为"德西效应"。

心理学家爱德华·德西曾在 1971 年进行过一次著名的实验：

爱德华·德西随机选取了一些学生单独解析有趣的智力难题，

这一实验共分为三个阶段：第一阶段，参加实验的学生在解题时全部没有奖励；第二阶段，参加实验的学生被分为两组。其中一组学生在解答出难题后，可以获得一美元的酬劳作为奖励，而另一组学生则没有任何奖励；第三阶段，参与实验的学生可以自由活动，并将他们是否愿意继续答题作为这项实验结果的指标。

最终，实验结果表明，没有得到奖励的学生与得到奖励的学生相比，更加愿意花更多的休息时间解题。这一结果证明，获得奖励的学生对解题的兴趣消减得快，而没有获得奖励的学生在进入第三阶段后，对解题仍然保持着较大的兴趣。即当一个人进行一项愉快的活动时，给其提供过多的奖励，反而会降低该项活动对他内在的吸引力，这也就是著名的"德西效应"。

为了让奖励能够对孩子起到正向的激励作用，家长就要注意警惕"德西效应"，用正确的方法奖励孩子。

通常，正确奖励孩子的方法主要有以下几种：

（1）要奖励不要贿赂。

一些孩子为了得到奖励，会故意犯错，并以获得奖励才能改正错误来"要挟"家长。而家长为了让孩子改正错误，便一味地满足孩子的要求。其实，家长这样做，奖励已经不再是奖励，而变成了贿赂。

为了避免把奖励变成贿赂，家长就要注意，奖励孩子，必须与其改正行为有关。

例如，孩子原本放学回家总是先看会电视、玩会手机才肯写作业。而经过其改正，放学回家第一时间便自觉开始写作业，将作业全部完成之后，才利用剩余时间休闲放松一下。此类行为即为孩子的改正行为，应当予以奖励。

（2）奖励的是行为而不是结果。

哈佛大学曾经做过这样一项研究：他们将 3 万名学生平均分为两组，一组按照结果给其奖励，即考试达到一定的分数后，才能获得奖励；另一组则按照行为给其奖励，这一组的成员只要读完一本书，便可以得到两美元。

经过一段时间的观察，结果显示，按照行为给予奖励的学生，不仅学习成绩有了提高，而且还养成了阅读的好习惯；而按照结果给予奖励的学生学习成绩却并没有明显提高。

这一研究结果表明，只有对孩子好的行为进行奖励，才能激励他们持续这一行为；而奖励结果，就会让孩子感觉到这一目标难以达成，其行动力就会减弱。

（3）选择合适的奖励内容。

奖励的内容对奖励的效果有着直接影响，因此，家长要选择合适的奖励内容。

例如，家长可以根据孩子的年龄，选择奖励内容：

0～7岁的孩子对于家长非常依赖，渴望家长的陪伴，便可以以"时间"作为奖励内容，如孩子做完作业，家长可以多给孩子讲几个故事。

8～13岁是孩子的模仿期，接触到的人物形象对其有很强的吸引力，如动漫人物。家长便可以以动漫模型作为奖励内容。

14～21岁的孩子则更加注重社交，家长可以以"自由活动时间"作为奖励内容。

用奖励提升陪伴孩子写作业的效果，家长就要选对奖励方法，确保奖励能够对孩子起到正向的激励作用。

作为父母，我们要时刻谨记，奖励孩子也需要掌握正确的方法与技巧。只有正确奖励孩子，才能给孩子正向激励，让每次奖励都能成为孩子成长的动力和契机。

写完作业不等于万事大吉

不少家长在辅导孩子写作业的时候容易陷入一个误区：看着孩子把作业写完就行了。实际上，写完作业不等于万事大吉，只监督孩子把作业写完是远远不够的。将"写完作业"当作监督的唯一标准，很容易导致孩子在写作业的时候松懈、应付了事。长此以往，自觉性差的孩子则无法养成好的学习习惯，学习成绩难以提升。而等家长反应过来，再想督促孩子养成好的学习习惯，就不是轻而易举可以完成的事情了。

"写完作业"不是唯一标准

检查孩子作业写完与否，只是陪孩子写作业时的重要一环。家长要掌握正确的检查方法，对孩子作业进行多方面的检查，才能帮助孩子在学习上更上一层楼。

一般来说，家长在陪孩子写作业时，除了检查孩子是否写完，还要关注以下三个方面：

（1）坐姿、握笔姿势、字迹。

孩子写作业时的坐姿、握笔姿势等，不仅影响学习，还会影响孩子的身体发育，对于低年级孩子来讲尤为重要。

除此之外，我们都知道，考试的时候会有卷面分，字迹工整、卷面整洁显然有助于孩子取得更高的分数。即便长大后进入社会，写有一手漂亮的字，无形中也能提高孩子的竞争力。因此，家长一定要重视这些小细节，因为一旦孩子养成不好的书写习惯，再想纠正就很困难了。

（2）写作业状态。

有的孩子一会儿写数学题，一会儿背英语单词，一会儿写作文，不能坚持做完一件事，缺乏计划和目标。还有的孩子缺少时间观念，容易拖拉、走神，一会儿玩橡皮、一会儿抠手指。对于这些问题，家长一定要重视起来，并进行及时引导。

比如，可以与孩子一起制订一份作业计划表，规定完成每一项作业的时间，并采取一定的奖惩措施来激励鞭策孩子，以便帮助孩子以精神集中、积极良好的状态投入到学习中去。

（3）检查作业。

在小学，尤其是低年级时期，家长给孩子检查作业，是为了以后逐步放手，让孩子日后能够自主、独立学习。

检查作业不得不知的"三项注意"

当孩子写完作业后，家长检查作业要注意以下三点：

（1）保持心平气和。

有的父母在给孩子检查作业时，发现错得太多，就会忍不住吼孩子。在父母的歇斯底里下，孩子的学习积极性将大打折扣，这个时候，家长再怎么说教，孩子内心也不会听进去。

（2）注意记录。

家长可以给孩子准备一本记事本，在这上面可以记录日期、孩子当天的作业任务、完成情况、完成时间、错题等。这样既能让孩子在写作业前有清晰的规划，又方便家长记录检查作业的结果。这有利于孩子养成良好的学习习惯，对于他今后的学习甚至成年后的工作都会极有帮助。

（3）注意鼓励。

对于孩子来说，有时肯定会比否定更有力量。孩子作业完成得不好，父母不要急于批评、否定，可采取"欲抑先扬"的方法，先对好的方面进行肯定，再引导孩子找出问题所在，这样才不会打击孩子学习的积极性。

检查作业，并不是让家长担任"老师"的角色。孩子是学习的主体，检查是一种学习能力，很多孩子马虎就是因为做完作业没有及时地进行检查。

家长给孩子检查作业应该遵循"查而不判"的原则，意思是家长知道孩子错了，但是不要一条一条具体明确地告诉孩子错了多少、错在哪里，而是要引导孩子自己去思考，尽他所能去纠正自己的错误。

孩子写完作业并不意味着家长就可以"放手"了，家长只有在给孩子检查作业时多一些耐心、多一些鼓励，才能引导孩子高质量地完成每一份作业，进而让孩子变得越来越优秀。

你在督促，还是在影响

陪孩子写作业，是许多父母眼里的"苦差事"，更是个"技术活"，如果陪伴的方式不恰当，不仅起不到督促学习的作用，反而会造成不良影响。

陪孩子写作业有很多种，你属于哪一种？又有哪些需要改正的地方？

自娱自乐型陪伴

这一类型的家长以陪孩子写作业为名，实际上只是在旁边玩手机、刷视频。这样的陪伴不但起不到激励作用，还会对孩子造成干扰，甚至孩子走神、磨蹭、偷偷做别的事情，家长也发现不了。

换位思考一下，你在一旁安静地工作，旁边有人在吃零食、听音乐、跟人聊天打电话，是不是会打断你的思考，影响你的工作心情？

孩子也是如此。他们天性爱玩，自制力相对较差，当家长在一旁休闲娱乐时，孩子的心思也很可能被转移，无法全身心投入到学习中去，甚至会让孩子产生"凭什么你在玩却要我老实写作业"这样一种逆反心理。

显然，自娱自乐型的陪伴并不是有效的陪伴，更不能督促孩子好好学习。建议家长在陪孩子写作业的时候做好榜样，可以读一本书或者做自己的工作，为孩子营造浓厚的学习氛围，给孩子一种父母和他一起学习的心理暗示，让孩子能静下心来好好写作业。

粗暴监工型陪伴

"怎么回事？刚做过的题怎么又错了？"

"说了多少遍了怎么就是记不住？"

"你再这样我就不管你了！"

......

很多家长在陪孩子写作业时，都对孩子说出过类似的话。孩子稍有出错，家长便在一旁斥责。这种陪伴不仅不能让孩子体会到家长的爱，还会让孩子感觉到煎熬和痛苦。

在父母这样的"过度监管"下，孩子写起作业来就会比较紧张、压抑，因为担心出错挨骂，很难静下心来认真写作业。

除此之外，这样的方式会逐渐消磨孩子的主动性与积极性。父母在陪写作业时，与其一眨不眨地盯着孩子写作业、被气到上火头疼，不如帮助孩子定好规矩，做好学习计划表，给他一个安静的学习空间，适当放手，让他先自主学习。

保姆型陪伴

当孩子正专心致志背单词的时候，妈妈敲开门说："闺女饿不饿？妈妈给你切了苹果，吃一点吧。"

当孩子觉得自己马上要想出最后一道大题的答案时，爸爸过来问："水喝完了吗？爸爸再给你倒一杯。"

当孩子在默写时，妈妈又进房间给孩子收拾书包……

孩子写一个小时作业，爸爸妈妈至少打断了两次。而且这样的现象不是个例，而是很多家庭的缩影。

家长像保姆一样地陪孩子写作业，不仅会摧毁孩子的专注力，甚至还会把孩子宠成"熊孩子""小霸王"。

指挥型陪伴

还有的家长，从孩子一进门就开始了指挥：今天留了哪些作业？你数学的成绩比较差，先写数学作业吧？背单词用 10 分钟就行了，剩下 10 分钟听写单词。这篇文言文昨天已经学过了，你先预习下一篇……孩子还没开始写作业，家长就已经把计划安排好了，于是孩子心里只剩下：反正只能听爸妈的，我还操心什么呢？长此以往，孩子习惯成自然，再也不愿动脑筋自己制订学习计划，也不会反思自己哪里学得好、哪里学得不好。

所以，家长一定要分清什么事情应该亲力亲为，什么事情必须大胆放手。如果你是指挥型的父母，陪孩子写作业的时候，不妨试试下面这样的对话：

"今天的作业多吗？你想先做哪个？"

"你觉得哪里比较难，需要我帮忙吗？"

"按你的想法试试吧，也许可以成功呢！"

"通过这几道题，有没有总结出什么经验？"

我们应该这样一步步引导孩子学会自省、学会自主学习，而不是包办代劳。

辅导孩子写作业是每位家长都需要跨过的一道坎，更是一门学问。陪写作业也要讲究方法和技巧，否则事倍功半，得不偿失。

第二章

避开误区，别让你的陪伴成为负担

在"辅导孩子写作业"这件事情上，不同的家长所采用的教育方法也不尽相同。

家长"望子成龙、望女成凤"的心理可以理解，但如果不慎陷入教育误区，用错误的观念和方法去教育孩子，这样的陪伴就会变成孩子沉重的负担。家长只有学会识别误区，避开陷阱，才能给孩子真正高质量的陪伴。

急催促——"赶紧去写作业"

孩子天性爱玩，很多孩子放学后不爱写作业。这个时候就需要父母去督促孩子完成作业。但如果不注意方式和方法，一味地去催促，可能会引起孩子的反感，导致孩子与父母"唱反调"，越催越慢，越慢越拖。

我们来看一则案例：

小韩是一名六年级的学生，正处在紧张的小升初阶段。

小韩每天的学习任务非常繁重，所以每每回到家，小韩总是想休息一会儿。可是，小韩的父母却从不理解小韩，他们认为，小韩回到家后，就要马上催促他做作业，只有这样，才能防止小韩因为懈怠而导致成绩下降。所以，每当小韩放学回家，他们总是在第一时间催促小韩说："赶紧去写作业，别耽误时间！"

本就身心俱惫的小韩，听了父母的催促，心中总会生起一股莫名的反感。久而久之，他开始疏远父母，父母越催，他就越拖，企图用这样的方式向父母表达自己内心的不满。这不仅导致小韩的成绩不升反降，还让小韩与父母的亲子关系变得越来越紧张。

其实，小韩家出现的情况并不是个例，而是很多家庭普遍存在的情况。而之所以会出现这样的问题，究其原因，是因为父母陷入了催促作业的误区。

父母的催促，伴随着的是孩子的不理解

父母总催促孩子写作业，在父母看来是因为爱，可是孩子感受到的却是父母对自己的不理解。

（1）父母爱我还是爱作业？

如果当孩子回到家，父母见到孩子的第一句话，不是对孩子的关心、问候，而是催促孩子写作业，孩子难免会在心里想：你们到底是爱我还是爱我的作业？并且，孩子会对父母这样的做法产生反感，却又无法理性表达内心的意识。所以，他们只能用行为对抗父母，表达对父母的不满，如顶嘴、拖延、沉默、惹是生非……

（2）缺乏换位思考。

父母试想一下，如果自己白天在工作单位已经忙碌了一天，回到家，是否想先休息、放松一下，稍作调整再做家务？如果一回到家，就被家人催促赶紧做饭、拖地，没有一刻的喘息，你是否与孩子一样会出现暴躁情绪？同样的道理，孩子经过一天紧张的学习，回到家，首先需要的是休息，这就要求父母做到换位思考。

（3）缺少对孩子身心的关爱。

通常，人在被理解、被关爱时，更愿意付出努力。如果父母能够在孩子回到家后，更多地向他嘘寒问暖，问问他学习累不累，孩子反而会因为父母的理解而变得更加努力。

养成好习惯，作业再也不用催

实际上，父母只要帮助孩子养成做作业的好习惯，即使不催促，孩子也能按时、保质、保量地完成作业。而如何引导孩子养成做作业的好习惯，父母可以参考如下做法。

（1）建立家庭日常惯例，与孩子共同做好时间规划。

父母不要一言堂，要让孩子参与其中，一起开展头脑风暴，共同制定出最适合的家庭日常惯例。例如，家庭日常惯例中可以包含运动、做作业、看电视、做家务、洗澡、聊天等多种内容，以及各项内容的时间安排。

如果家庭日常惯例在执行的过程中发现有难以实现的，父母可以适当引导，但不要强迫，尽量把自主安排的时间交给孩子去规划。按照家庭日常惯例，孩子写作业时可以更集中注意力，同时也能学会为自己的行为负责。

（2）观察孩子的执行情况。

在孩子执行家庭日常惯例时间表的过程中，父母要观察孩子的执行情况，并就孩子出现的问题与孩子进行及时的沟通、修正。

例如，孩子看电视的时间超过了预定时间，导致写作业的时间被压缩，父母就要及时与孩子进行沟通，让他下次注意控制看电视的时间。

（3）给孩子充分的尊重。

在与孩子沟通，督促他按照家庭日常惯例时间表写作业的过程中，父母要给孩子充分的尊重，做到不唠叨、不指责、不发火，仅在孩子需要的时候，给他提供适当的帮助。

每朵花都有自己的花期，每个孩子都有自己的节奏，我们在陪孩子写作业时，不妨少一些催促，多一点关心和耐心，让孩子找到自己的节奏，去感受、去想象、去思考，不慌不忙、坚定稳健地走好每一步。

不参与——只做"检查作业的机器"

在辅导孩子写作业时，有些父母事无巨细地管理、催促孩子，让孩子感到压力山大，成绩不升反降。而另一些父母却走向了另一个极端：孩子写作业的过程中，他们不参与、不辅导，只做"检查作业的机器"。他们自以为给了孩子自由和空间，孩子就应该"还他们一份满意的成绩单"。殊不知，控制孩子是伤害，忽略孩子同样是伤害。

我们来看这样一则案例：

小芳是一个刚刚升入初中的学生。从小学升到初中，面对全新的环境和学习内容，小芳感觉到学习越来越吃力。可是，小芳的父母却奉行"自由养育法"，对于小芳的学习，小芳父母从来不过问。每次小芳回家写作业，小芳的父母都采取回避的方式，全程不参与。他们想：别人家的父母都催着孩子学习，给孩子施压，我们不管孩子，孩子一定会觉得很轻松。

可是，小芳的想法却与父母的想法大相径庭，她的内心非常渴望父母能够对自己的学习多关心一点儿。

原来，初中和小学的知识体系存在一定的差别，小芳刚刚升入初中，写作业时经常遇到问题。可是，父母却对自己不管不顾，因此小芳只能独自解决这些问题，这样的情况让小芳的学习效率越来越低，学习成绩也不断下滑。

上述案例中，小芳的父母自以为不参与小芳写作业的过程，给孩子充分的自由，小芳就会轻松一些。事实上，小芳在学习中遇到问题后，是需要父母给予自己一定的鼓励与指导的。父母全程不参与，会让孩子在遇到问题时感到孤立无援。因此，为了避免在辅导孩子的过程中出现与小芳类似的情况，父母就要做到张弛有度，适当参与孩子的学习。

（1）利用"霍桑效应"，给孩子多一点儿关注。

霍桑效应，指当一个人被他人关注时，为了给他人留下更好的印象，其行为、言语都会发生很大的改变，做事也会比平常付出更多的努力。根据这一效应，父母如果在孩子写作业时，给孩子更多的关注，那么孩子就会比平时更加认真、自律，学习效率也会更高。

（2）了解孩子的作业要求。

父母要参与到孩子写作业的过程中，知道孩子的作业都有哪些具体要求，这样才能对作业进行有针对性的辅导。

例如，老师会通过短信、微信等方式，将孩子当天的作业发给家长。父母要认真了解老师发的有关作业要求的信息，与孩子一起核对作业内容、要求。如果存在不清楚的地方，要及时向老师询问。

（3）分解作业内容，合理规划时间。

父母了解孩子当天的作业内容和要求后，还要分解作业内容，合理规划时间。这要弄清楚孩子完成作业所需要的大致时间，哪部分作业孩子可以独立完成，哪部分作业需要父母陪伴完成。

（4）帮助孩子解决写作业时遇到的问题。

孩子写作业时，难免会遇到一些问题，这个时候需要父母的一些引导和帮助。例如，父母可以借助网络，搜索类似的问题，寻找一些解题思路；可以购买一些辅导书，从中学习解题方法；还可以及时与老师沟通，向老师请教。

（5）认真、细致地检查作业。

父母在检查孩子作业时要认真、细致，不能粗心大意。可以根据孩子的年龄特点，明确一下作业检查的侧重点。对于低年级的孩子，要侧重于书写是否工整；对于高年级的孩子，要侧重于检查孩子的解题思路是否正确。发现错题，不要急于纠正，尽量让孩子运用自己的所学知识进行自主解决。

众所周知，一个孩子要想成才，从来不是孤军奋战的结果。我们要学会适度参与孩子的学习，在陪伴孩子写作业的过程中，为孩子提供适时的指导和帮助，做孩子成长路上的引路人，陪伴孩子踏实走好人生的每一步。

泼冷水——"你什么都不行"

著名哲学家詹姆斯曾说过："人类本质中最殷切的要求，是渴望被肯定。"

我们每个人都希望得到来自他人的夸奖与肯定，孩子也是如此。父母的肯定可以给予孩子心理上的满足感，让他更有前行的动力和勇气。其实，家长在日常生活中总是对孩子泼冷水，不仅不会让孩子变得优秀，还会打击孩子的积极性，让他变得更加自卑。现实生活中很多父母习惯给孩子泼冷水，常常对孩子说："你什么都不行。"殊不知，孩子的自信心正是这样被无情地击碎了。

你的"差评"可能毁掉孩子的一生

孩子成长的过程中，如果常收获来自父母的鼓励，他会深具信念，蓬勃向上；如果总是受到来自父母的否定和负面评价，他就难免会处于茫然无措的状态，无法获得积极向上的力量，慢慢地就会变得越来越差。

我们先来看这样一则新闻：

一个女孩，因为母亲的一句话，选择跳楼结束了自己的生命。新闻一出，很多人便开始指责女孩过于脆弱、娇气。可是，事实却并非如此简单。

原来，女孩的母亲是一名艺术家。平时，母亲在管教女儿方面非常严格，她总是给孩子提出很高的要求，并且不论女孩表现如何出色，这位母亲从来都不会给予女孩正面的鼓励，反而是一味地打击女孩。

有一次，女孩在期中考试中考了全班第一名，女孩高高兴兴地拿着成绩单回家了。回到家后，这位母亲一边辅导女孩写作业，一边询问女孩的期中考试成绩。女儿兴奋地将成绩单递到母亲手中，心想这次一定能够得到母亲的表扬。

可谁知，母亲非但没有表扬女孩，反而阴沉着脸，指着试卷上的一处错题说："你看看你，这么简单的题都会出错，即使考了第一名有什么用？你真是干什么都不行！"说完，母亲将女儿的成绩单重重地丢在了书桌上，起身离开了房间。本来满心欢喜的女儿，听到母亲的指责，独自坐在书桌前默默流泪，她不明白，为什么自己考了第一名母亲仍然不高兴，为什么母亲不能表扬自己一句，认可自己一点。

渐渐地，女孩在母亲的打击下变得越来越没有自信，她常常自我怀疑："难道，我真的像妈妈说的那样差吗？"

其实，这位母亲并不是真的对孩子不满意，相反，她常常在亲戚朋友和邻居面前夸奖自己的孩子。每每提到自己的孩子，脸上也总是洋溢着自豪的微笑。只是她的认可从来不在女儿面前展现，她习惯了给孩子泼冷水，以为这样可以激发孩子的斗志，让孩子的成绩更上一层楼。

后来，女孩如愿考上了一所国际知名大学。母亲赶去学校看望女孩，在闲谈中，母女二人起了冲突，女孩终于在母亲的打击下爆发，歇斯底里地哭喊着问母亲："我真的很差吗？是不是我做得再好你都不满意？"

　　面对女儿的责问，这位母亲仍然只是冷冰冰地说："你就是做什么都不行。"母亲自以为女儿还会继续努力，证明自己并不差。可是，她却没有意料到，在她长久的打击下，女儿的自信心早已消耗殆尽，而她这一句话，也变成了压死骆驼的最后一根稻草。最终，女儿悲愤地冲出窗外，从高楼上跳了下去。

就是因为这位母亲的长久打击，导致一个鲜活的生命就此消逝。悲剧发生后，这位母亲懊悔不已，可是一切都晚了。当父母总是否定孩子，认为他"真的不行"时，孩子慢慢就会将这种观念内化，潜意识认为自己很差，做不好，结果真的会越来越差。

别用"打击式教育"伤害孩子

"怎么考得那么差？你是猪吗？""你怎么这么笨？这点儿小事都做不好！""还有脸哭，你都快成废物了，还好意思哭？"相信这样的场景，在许多家庭中并不少见。父母在教育孩子的时候，很少会注意跟孩子说话的方式。这就是打击式教育，即父母通过责骂、挑剔孩子错处来教育孩子的教育方法。打击式教育下，父母常常把孩子说得一文不值，即使孩子表现优异，也依然得不到父母的夸奖。实际上，这种打击式教育存在诸多弊端，运用不当，不仅无法达到教育的目的，还会适得其反，给孩子造成心理上的伤害。

一味地打击孩子，给孩子泼冷水，势必会疏远亲子关系。因此，为了防止与孩子"越走越远"，父母就要学会用行动表达对孩子的爱。例如，父母在辅导孩子学习时，可以用温和的语言、亲近的动作与孩子沟通，逐渐拉近与孩子的关系。

父母的嘴，决定孩子的路。一句话可以让一个人跌入谷底，也可以让一个人绝地重生。每位家长都对自己的孩子充满了殷勤的爱意，可是，如果家长将这些爱意隐藏起来，用"一盆盆冷水"泼向孩子，则必然会浇灭孩子的希望，消磨孩子的信心。真正懂得维护亲子关系的家长，往往会给孩子温暖的鼓励。作为父母我们应该明白，有时语言也能成为一种暴力。有教育专家曾说过，你对孩子多否定，孩子就对这个世界多否定，你不经意间的语言暴力，可能会成为孩子一生无法解脱的枷锁。

不容错——不允许孩子出差错

作为家长，你容许自己的孩子出错吗？

相关调查结果显示，不容错的父母不在少数。他们"眼里容不得沙子"，一旦孩子犯错，便会严厉地埋怨、指责孩子。他们认为，只有高标准严要求，才能教育出优秀的孩子。殊不知，自己已经走入了一个教育误区。

俗话说："人非圣贤，孰能无过。"任何人都有可能出现差错，孩子也是一样。孩子出现差错不可怕，可怕的是父母不容错，不能对孩子进行正确的引导。

我们来看一则案例：

小丽是一名三年级的小学生，每天放学回家后，她的妈妈都会辅导她做作业。可是，小丽的妈妈在教育孩子方面非常严格，平时，只要小丽出现一点儿差错，妈妈便会生气地责骂她。妈妈这样的做法让小丽如履薄冰，做事小心翼翼，生怕做错事情惹妈妈生气。

一次，小丽放学回家后，开始做数学作业。在写一道应用题时，小丽怎么都算不出正确答案。看着小丽一次次算错，旁边的妈妈开始大声责骂，说："你这孩子怎么这么笨？算错多少次了？在学校有没有认真听老师讲课？再算错一次，今天就不要吃晚饭了！"

小丽在妈妈的责骂下，一边哭一边修改，可是她的思路已经完全被妈妈的责骂声打乱了，做题时畏首畏尾，不敢下笔。长此以往，小丽逐渐对数学失去了兴趣，甚至产生了厌烦情绪，最终导致她的成绩一落千丈。

从上述的案例中我们可以看出，父母不容错，是对孩子最大的伤害。法国作家罗曼·罗兰说：人生应当做点儿错事，做错事，就是长见识。犯了错并不可怕，教孩子正确地面对并处理错误，是让孩子成长的一个好机会。

犯错，不一定是坏事

很多父母都在孩子犯错时如临大敌，觉得孩子每一次犯错都会导致不可挽回的后果。其实不然。犯错，并不一定是坏事。俗话说："失败乃成功之母。"犯错，可以使孩子增长经验，让孩子在不断试错的过程中获得成长。

美国著名教育学家桑代克曾做过一个著名的实验——饿猫迷笼实验。

桑代克将一只饿猫关入设有门栏、抓绳和按钮三种开门机关的笼子中，让猫反复尝试，观察它是否能成功逃出笼子获得小鱼。

首先，将猫关入笼中。猫刚刚被关入笼中，显得十分惊慌，随意、疯狂地在笼中乱抓，试图逃出笼子。在这个过程中，猫偶然间触碰到了机关，得以逃出笼子。

然后，桑代克重新将猫放入笼中，并记录猫出笼的时间。笼子里的猫一次次尝试打开笼子，触碰笼子里的各个地方，并变得越来越熟练，出笼所用的时间也越来越少。

桑代克接着将猫放进了笼子中，猫没有任何挣扎，直接用一种正确的方式打开了笼子。

根据这个实验，桑代克提出了著名的"试误说"理论，即认识的获得是一个"尝试错误"的过程。通过犯错，可以逐步积累经验，最终获得正确方法。

对孩子来说，可怕的从来不是错误，而是父母一直追求"正确而完美"的成长路线，不允许他犯一丁点儿错误。从桑代克的"试误说"理论中，我们可以看出，犯错，不一定是坏事；犯错，也是通向成功的一个必经过程。

允许犯错，给孩子成长的机会

作为父母，当孩子犯错后，我们不要急于责骂孩子。理智对待孩子出现的错误，允许孩子犯错，给孩子成长的机会才是我们最需要做的。

（1）接纳孩子犯错。

作为父母，对于孩子所出现的错误，我们要学会接纳，不要因此作出负面评价。我们也应允许孩子表达情绪，不要因此对他打骂怒吼。

（2）尊重孩子的内心感受。

通常，孩子犯错后，会出现自责、悲伤的心理，这时，作为父母，如果忽视孩子的自我意识，用批评、指责的方式教育孩子，不仅会加重孩子的自责情绪，还会让他因感觉到父母的不尊重，而陷入自我怀疑的境地，并逐渐形成自卑的性格。所以，作为父母，要在孩子犯错后尊重孩子的内心感受，及时给孩子安慰和鼓励。

（3）帮助孩子总结教训，寻找解决方法。

当孩子犯错后，父母要帮助孩子总结经验教训，寻找解决方法，这也是最关键的一步。例如，孩子做错了试题，父母就要倾听孩子的解题思路，从中找出问题，并给孩子提供正确的解题方法。这样才可以让孩子在之后的学习中避免出现同样的错误，并逐步提高学习成绩。

"人非圣贤，孰能无过？"父母在工作和生活中也会出现各种各样的错误，更何况天真无邪的孩子呢？复旦大学教授沈奕斐曾说过，孩子的成长路线是螺旋形的，只有不断地试错，他才知道前进。世界上从来没有白走的路，父母只有让孩子大胆试错，他才能练就一颗强大的内心。

多攀比——"看看别人家的孩子"

"你看看别人家的孩子，不但听话懂事，成绩还那么好，再看看你……"相当一部分的中国父母，还存有固执陈旧的攀比观念。父母的这种攀比心理，可以理解，这是对孩子成才的殷切希望，希望孩子可以变压力为动力，变得如别人家孩子一样懂事、优秀，甚至更好。很多父母在辅导孩子写作业的过程中，习惯拿别人家的孩子和自己的孩子做比较。他们试图通过这样的方式激励孩子，希望孩子能向别人学习，然后不断进步。殊不知，这其实是教育孩子方面的一个极大误区。

我们来看一则案例：

小明是一名中学生，学习成绩中等，父母平时总是因为他的成绩不理想而责备他。在一次期中考试中，小明的成绩又出现了下滑。

不出所料，小明的父母看到他的试卷，冷冰冰地对他说："你怎么这么笨？你看看隔壁的小勇，人家怎么每次能考前三名？从明天起，你就去小勇上课的补习班补习。"

"小勇是小勇，我是我，不要总拿我跟别人比！"小明又气又急地冲着父母喊道。

尽管小明歇斯底里地朝着父母发泄自己的委屈和不满，可是小明的父母依然非常冷淡，他们只是冷冷地瞥了小明一眼，面带嫌弃地说："你这孩子怎么这么没出息？你什么时候能像人家小勇一样既聪明又懂事？"

"小勇那么好，你们认他当儿子吧！"小明哭喊着，跑回了自己的房间。

从那之后，原本性格温和的小明变得越来越暴躁、叛逆，学习成绩也直线下降。

小明的父母本意是想通过与别人家的孩子进行对比，让孩子看到自己的不足，并且"知耻而后勇"。可是，实际却事与愿违，小明不仅没有进步，反而变得越来越消极。

实际上，一味地将自己的孩子与别人家的孩子进行比较，不仅会损伤孩子的自尊心，还会引起孩子的逆反心理，不利于建立和谐的亲子关系。为了避免"盲目攀比"给孩子带来一些消极负面影响，父母在辅导孩子学习的过程中，就要做到以下几点。

（1）承认并理性看待孩子间的差距，引导孩子取长补短。

世界上没有两片完全相同的树叶，孩子也是一样，每个孩子都有自己独特的性格和特质。作为父母，不应该拿自己的孩子与别人家的孩子做比较，事事让孩子向他人看齐。每个孩子都有优点和缺点，父母要承认并理性看待孩子间的差距，并且引导孩子取长补短。

当发现孩子的不足之处时，父母首先要做到不盲目指责，然后客观地指出孩子的不足，平心静气地与孩子进行沟通，疏导他的不良情绪，鼓励孩子正视自己的不足。最后，与孩子一起，根据自身情况，寻找合适的解决办法，学习他人的优点，取长补短，以此来完善自己。

（2）纵向比较，自己和自己比。

比较可以分为横向比较和纵向比较两种。横向比较，是将自己的孩子与别人家的孩子比较，纵向比较则是将孩子的现在与以往情况做比较，也就是自己和自己比。

过多的横向比较，会给孩子传递"他在父母心里，不如别人"的信息，长此以往，会严重打击孩子的自尊心和自信心，使孩子形成自卑性格与嫉妒心理，这不论是对于孩子的学习方面，还是人际交往方面，都存在着诸多不利影响。

而纵向比较，是自己和自己比，这是一种正向的激励方式。海明威说，优于别人并不高贵，高贵的是优于自己。例如，孩子上次考试考了70分，这次考试考了75分，那么在纵向比较下，孩子是有进步的，这是正向反馈，这种反馈往往都是积极向上的，它能使人产生动力，并且清晰地知道自己下一步的打算。"一口吃不了一个大胖子"，当孩子自己和自己比较，取得切切实实的进步时，哪怕只是进步一点点，父母也应及时对孩子表示肯定与赞赏，给予正向的激励。

（3）尊重孩子个性，为孩子找到合适的路。

每个孩子都拥有自己独特的个性，作为父母，不要盲目跟风，忽视孩子的个性。例如，其他孩子学钢琴，但是自己的孩子却在绘画方面表现突出，父母如果一味攀比盲从，让孩子放弃绘画转而学习钢琴，不仅会给孩子带来痛苦，还会扼杀孩子的才能。而如果父母可以尊重孩子的个性，让孩子学习绘画，则是给孩子提供了一个发展机会，孩子也可能就此成功。

（4）以一颗平常心对待孩子。

"望子成龙、望女成凤"是很多父母的心态，但是，父母如果对孩子过于苛求，便会给孩子带来巨大的压力，甚至影响孩子的性格发展。所以，作为父母，要学会以一颗平常心对待孩子，将孩子看作一个平凡的人，用心感受孩子的优点，在孩子取得进步时及时给予鼓励。这样，孩子才能在一个宽松、自由的家庭氛围中学习、成长。

父母要知道每个孩子都是独一无二的，并且每个孩子都拥有自己独特的天赋。我们需要用发展的眼光看待自己的孩子，引导孩子在适合的道路上有所发展，而不是在与他人的攀比中消磨孩子的天赋。

重体罚——伤身更伤心

俗话说："不打不成人，黄荆棍下出好人。"有的孩子会经常犯错惹父母生气，于是父母就会体罚孩子，殴打、责骂，让孩子下不为例。实际上，体罚是教育孩子的一大误区。这不但不会让孩子变得更好，反而会让孩子既伤身又伤心。

体罚，严重损害孩子的生理健康

体罚孩子，会对孩子的生理产生严重的不良影响，阻碍孩子的健康成长。

很多父母在孩子表现不佳，或是不听话时，都会采用体罚、打骂的方式对待孩子。比如，孩子放学回家后，不马上写作业，而是看电视、玩手机，父母三番四次催促无果后，便会怒火中烧，动手打孩子。

实际上，这样责打孩子，不但起不到应有的作用，反而会适得其反。相关研究表明，体罚会损害孩子的身体发育，甚至会影响孩子的智力发育。并且，如果孩子长期处在体罚之中，那么即使孩子成年后，也仍然会伴有一定的生理危害。相关研究结果表明，童年时期受到严重体罚的孩子，与未曾受过体罚的孩子相比，前者长大后出现酒精成瘾、滥用药物、自杀倾向等情况的几率会提升 4 ~ 12 倍；出现吸烟情况的几率会提升 2 ~ 4 倍；出现严重肥胖情况的概率会提升 1.4 ~ 1.6 倍；除此以外，其他疾病的患病概率也均有一定程度的上升。可以说，体罚对于孩子的生理健康，会产生严重的不良影响。

体罚，同样会对孩子的心理造成巨大伤害

体罚，不仅会影响孩子的生理，还会对其心理产生诸多负面影响。如果父母经常对孩子进行体罚，甚至是暴力殴打，一方面，会让亲子关系变得紧张，孩子会变得不愿意亲近父母，感觉自己孤立无援，自尊心受到伤害，甚至面对父母会产生恐慌情绪；另一方面，孩子会在父母的打骂下变得畏首畏尾，胆小怕事，或是出现自闭、暴力倾向。

以体罚导致孩子出现暴力倾向为例，2014年发表在美国《儿科》杂志上的一项研究结果表明，孩子是否存在"用暴力解决问题"的暴力倾向，其主要因素之一便是他在童年时期是否被暴力对待过，以及被体罚的频率。

经常受父母体罚的孩子，可能会有心里阴暗面，对父母恐慌，甚至会对社会不满，长大后很容易出现自闭、人际关系不和谐或是暴力倾向。

理智解决问题，避免体罚孩子

体罚会对孩子的生理和心理健康产生严重的负面影响，可谓伤身又伤心。所以，父母在辅导孩子的过程中，要学会理智解决问题，避免体罚孩子。

如果孩子犯了错，我们想要体罚孩子时，不妨克制一下，试试以下两种办法。

（1）父母无法控制情绪时，要首先离场。

很多父母打骂、体罚孩子，都是在情绪激动的情况下作出的冲

动之举。为了避免出现这样的情况，父母要学会在情绪失控前，离开现场，可以通过深呼吸、独处等方式，让自己的情绪平静下来，然后再找合适的机会与孩子沟通交流。

（2）跟孩子约定合理的惩罚措施。

俗话说："没有规矩不成方圆。"父母要事先与孩子立下一些规矩，明确哪些事情可以做，哪些事情不可以做。如果孩子违反规定，便可以有一些惩罚措施。这些惩罚可以是孩子较为在意的，但是不能涉及体罚。例如，孩子如果违反约定，可以惩罚他一周之内不允许吃他喜欢的蛋糕、糖果，以此来警戒孩子。

体罚孩子，可谓治标不治本，这不是教育行为，而是一种伤害行为。体罚对于孩子有着诸多不良影响，父母要走出体罚的误区，以更加理性、合理的方式教育孩子。面对孩子时，家长不妨放下棍棒，给孩子多一些耐心，再多一点指导，相信孩子可以变得越来越好。

第三章

加深了解，挖掘孩子问题的根源

孩子写作业时总是会出现各种问题，不是磨蹭，就是不专注，还不时敷衍应对……作为家长，我们要做的，不是责骂，亦不是漠视，而是要加深对孩子的了解。在了解的基础上挖掘孩子问题的根源，然后对症下药，选择正确的方法帮助孩子解决问题。

拖延，总把作业拖到后半夜

有的孩子写作业犹如蜗牛爬行一样，没有一点时间概念。三心二意，写着玩着，玩着写着，两三个小时过去了，可能只写了几行字。第二天需要上交的作业要拖到半夜；开学要交的作业，总是要拖到最后一两天，哭着补作业，孩子慌张，父母崩溃。

我们来看一则案例：

田田是一名三年级的小学生。平时，田田非常听话懂事，从来不让父母操心。可是，一到写作业的时候，田田却总是拖延，这可让她的父母犯了难。

原来，田田每天放学回家，总要先看一会儿电视、玩一会儿手机或者是摆弄摆弄自己的洋娃娃才肯写作业。田田把作业一拖再拖，眼看已经要到深夜了，田田的父母总是忍不住催促田田赶紧写作业。

也正是由于田田的拖延，导致她写作业的时间被大大缩短，所以她在写作业时也总是马马虎虎，只求速度不求质量。这导致田田在写作业时频频出错，一旁的父母看到这样的情况，既生气又着急，甚至忍不住对田田责骂起来。

时间一天天过去，田田的父母看着田田做作业时的拖沓，虽然着急上火，却也束手无策，他们只能不断地催促孩子，孩子也在他们的催促下变得越来越急躁。

实际上，很多家庭都存在与田田家类似的情况。父母看着孩子做作业时总是拖延，便一味地催促孩子，认为这样就可以改掉孩子写作业拖延的毛病。可实际上，往往收效甚微。孩子写作业拖延，原因有很多，并不一定是因为孩子太懒，家长遇到这种情况，应该理性地去找出导致孩子拖延的根本问题，这样才能对症下药。

孩子写作业拖延的四大原因

孩子写作业时总是拖延，大致有以下四种原因。

（1）作业难度过大。

如果作业难度过大，孩子便会产生畏难心理，想要逃避作业，从而面对作业拖拖拉拉，一直不肯开始。

（2）孩子的时间观念差。

如果孩子长期处于做作业拖延的状态，那么其中一个主要原因就是孩子的时间观念差，不会自我管理时间。那些优秀的孩子，往往在自我时间管理上都做得相当出色。不管是放学后，还是放假期间，他们都能很好地规划好自己完成作业的时间。反观做作业拖延的孩子，因为时间观念不强，导致他无法合理安排自己放学后的时间，从而导致拖延情况的发生。

（3）孩子的自控力差。

一些孩子虽然有较强的时间观念，但是自控力差，非常容易受到周围环境、人事的影响进而停止写作业。自控力差的孩子，还会因为周围事物的影响，改变自己的作业计划，从而产生拖延的情况。

（4）孩子过分追求完美。

有的孩子对自己的作业要求很高，写的字稍微有一点自己不满意的地方，就会马上擦掉重写，有时甚至会把本子擦破，这样写作业的时间明显就拉长了。

与催促相比，合理引导更有效

当孩子写作业出现拖延情况时，一味地催促并不能很好地解决其拖延问题。与催促相比，对孩子进行合理的引导，往往更能有效地改善孩子的拖延状态。而要想合理引导孩子，我们就要做好以下三个关键点。

（1）将催促变成鼓励，用积极的情绪调节孩子的学习动机。

通常，催促使用不当会让孩子产生消极情绪和逆反心理，而鼓励则会调动孩子的积极情绪，增强其做作业的动力。所以，为了改善孩子的拖延情况，父母要学会鼓励孩子。例如，当孩子拖延不想写作业时，父母可以鼓励孩子说："我相信你一定可以在一个小时之内完成作业的。"此时，孩子便会在父母积极的影响下主动做作业。

（2）与孩子竞赛，激发好胜心。

每个人都有好胜心，好胜心一旦被激起，做事的动力便会随之增强。因此，如果孩子做作业时拖延，父母不妨与孩子展开一场竞赛，激发他的好胜心。例如，父母与孩子约定，父母需要完成某一件事，而孩子则需要完成作业，双方比赛，看谁用的时间更短，并且获胜的一方可以获得一定的奖励。这样，可以有效激发孩子的好胜心，

让孩子积极地完成作业。

（3）用孩子感兴趣的事情诱导。

父母可以用孩子感兴趣的事情来诱导孩子，给孩子一点"甜头"。例如，孩子喜欢玩游戏，父母则可以与孩子约定，如果他可以在规定的时间内完成作业，便可以玩一个小时的游戏。这样，即使不催促，孩子也能很快地完成作业。

孩子写作业拖延，家长一定是看在眼里，急在心里。不过，只要家长能够对孩子加以正确的引导，他就会改掉拖延的毛病，在学习进程中变得不疾不徐、有条不紊。

焦虑，一写作业就如临大敌

很多家长在辅导孩子写作业时，都发现孩子一写作业便如临大敌，面对作业常常情绪紧张、激动，甚至大喊大叫，这些情况的出现，让家长担忧不已。其实，孩子之所以会有这样的表现，可能是因为产生了焦虑情绪。

所谓焦虑，是指对某些事情过度担心而产生的一种烦躁情绪，其中包含着急、忧愁、紧张、恐慌、不安等成分。存在焦虑情绪的人，常常会出现坐卧不宁、惶惶不安的情况。

其实，任何人都可能存在焦虑情绪，孩子也是一样。面对繁重的作业，孩子难免会产生一些焦虑情绪。

张女士最近就遇到了这样的问题。

她的女儿莉莉是一名正在读四年级的小学生。以前的莉莉，性格温和，长得白白胖胖的，非常惹人喜爱。可是，最近莉莉却像变成了另一个人，她不仅不思饮食，身体变得越来越瘦小，情绪也变得越来越焦虑。

最近一段时间，莉莉每当做作业时，情绪就会非常暴躁。她每天做作业都要做到晚上 11 点，并且睡觉前还总是担心有作业漏做，反复地查看书包；甚至莉莉在睡觉后，还会常常因为梦到作业没有做完，或是作业做错了而惊醒。

这样的焦虑情绪让莉莉变得越来越暴躁，不仅学习成绩出现了下滑，身体健康也受到了影响。张女士看着女儿如此焦虑，内心无比担忧，却又不知如何是好。

相信很多家长都遇到过与张女士类似的困扰，对她的担忧感同身受。其实，家长要想解决孩子的作业焦虑，首先要了解孩子产生作业焦虑的原因。

孩子产生作业焦虑的三大原因

如果你的孩子面对作业总是出现焦虑情绪，可能是由于以下三个原因。

（1）作业要求超出孩子的能力。

当孩子感觉无法很好地完成作业时，便会出现焦虑情绪。例如，作业数量过多，孩子无法在规定的时间内完成；作业的难度过大，超出了孩子的能力范围，孩子在难度过大的作业面前，就会产生焦虑情绪。

（2）家长、老师的要求苛刻。

孩子写作业焦虑的主要原因来自学校老师或者家庭，因为老师和家长的高要求，让孩子的学习目的从吸收知识转到了获得老师和家长的认可和表扬上，尤其是小学阶段的孩子对老师和家长的表扬更是看重，由此产生一些焦虑情绪。例如，一些家长会对孩子提出如果孩子没有在规定时间内完成作业，就不能吃饭的要求；老师因为孩子的作业中出现了错误，而让孩子罚站等，这些苛刻的要求都会让孩子神经紧绷，从而引发对作业的焦虑情绪。

（3）孩子对作业的认知出现了偏差。

一些孩子对作业的认知出现了偏差，他们认为，作业剥夺了他们宝贵的时间，给他们造成了沉重的负担，甚至会认为，作业是老师和家长束缚他们的工具，所以便会对作业产生反感情绪，进而产生焦虑。

三招帮助孩子消除作业焦虑

当我们了解孩子产生作业焦虑的原因后，就要采用有针对性的解决方法。家长可以采用以下三种方法，帮助孩子消除作业焦虑。

（1）善用同理心，帮助孩子解决作业问题。

作业过多、过难，是孩子产生作业焦虑的原因之一。针对这个问题，父母就要在辅导孩子写作业时，善用更多的同理心，及时帮助孩子解决作业中存在的问题。

所谓同理心，就是要求家长在与孩子沟通时，学会站在孩子的角度思考问题，善用"理解、重述和提问"。例如，当孩子做作业时，遇到困难产生焦虑时，家长可以用这样的句式：我理解你现在（重述孩子的问题），你希望我帮你什么呢？

（2）对孩子提出合理化要求。

家长、老师对孩子的要求过于苛刻，也是孩子出现作业焦虑的一大原因。因此，家长和老师要确保对孩子提出的要求合情合理，避免体罚、训斥，避免不合理的苛刻要求。

（3）向孩子说明作业的价值，调整孩子对作业的认知。

孩子对作业存在一定的认知偏差，是促使其产生作业焦虑的原因之一。所以，为了消除孩子的作业焦虑，父母要先向孩子说明作业的价值，调整孩子对作业的认知。

作为家长，我们要告诉孩子：老师留作业的目的并不是为了占用他们的时间，更不是为了束缚他们，而是要帮助他们巩固课堂上学到的知识，发现学习中存在的问题，强化实践，并最终帮助他们提高学习成绩。只有帮助孩子建立正确的"作业观"，孩子才能正确地看待作业。

我们每个人都有自己的情绪，好的情绪不仅有利于身心健康，还能让我们更好地投入工作和学习，效率变得更高。而负面情绪则会对人的身体健康造成严重影响，甚至还会让人的心理出现问题。当孩子感到焦虑时，我们不妨给孩子一些安抚，并寻找合适的方法帮助孩子消除这种负面情绪。

马虎，不求质量只求数量

"我们家孩子挺聪明，可是每次都因为马虎导致不能考一百分。"

"我家孩子做作业太马虎了，一道非常简单的算术题都能算错。"

"唉，陪孩子写作业真是生气，写作业时，错字连篇，太马虎了，这可怎么办啊？"

······

马虎是孩子学习中普遍存在的现象，从表面上看是粗心所致，其实马虎的背后有着复杂的心理因素。不同的孩子，学习上马虎的表现千差万别，其原因也是多方面的，有表面的直接原因，也有自身内部的心理因素。

孩子粗心马虎，原因在这里

孩子做作业马虎，大致有以下几种原因。

（1）基础知识掌握不牢。

有时，孩子在做作业时看似是因为马虎导致出错，可实际上可能是因为孩子对基础知识掌握不牢固造成的。当孩子对于基础知识掌握不牢固时，就会导致他在做题时容易忽略知识点而出错。比如一些孩子在刚学小数加减法的时候，会常常会把小数点的位置点错，这种错误反映出孩子对小数及其数位概念认识还不够清晰，说明孩子还没有吃透所学内容，而不是单纯的马虎问题。

（2）孩子性格粗心大意。

性格的不同是导致孩子学习马虎的心理因素。一些孩子的性格天生大大咧咧，做事情也容易粗心大意、丢三落四。这样的孩子，在做作业时，更容易因为马虎而出错。

（3）孩子缺乏耐心和毅力。

学习是一件"苦差事"，在长时间、高强度地写作业的过程中，如果孩子缺乏耐心和毅力，就会出现松懈、注意力不集中的情况，从而让其在原本会做的题目上出错。

（4）孩子学习态度不端正。

心理学相关研究结果表明，人们通常对较为困难的问题会更加重视，而对于较容易的问题，则心理上会出现懈怠的现象。孩子会在较为简单的问题上出错，一定程度上是因为孩子的学习态度不够端正，对于较为简单的题目不够重视。

三步帮助孩子成功克服马虎问题

想要提升学习成绩，克服马虎问题是重中之重。而家长要想帮助孩子克服马虎问题，就需要做好以下三个步骤的工作。

（1）帮助孩子了解马虎的危害。

孩子写作业时马虎，会影响他对所学知识的巩固和理解。老师要求孩子每天写作业的目的，是给他提供一个复习和理解所学知识的过程，这个环节如果被忽视，将会极大影响孩子对所学知识的掌握程度。作为家长，首先要让孩子认识到马虎的危害。

例如，家长可以通过网络、书籍等方式搜集一些因为马虎而导致严重后果的事例，并将这些事例讲解给孩子，通过实例讲解让孩子认识到马虎的危害，从而引起他的重视。

（2）提升孩子的"自检"意识。

所谓"自检"，即自我检查。孩子做作业时，通过自我检查，可以有效检验出因为马虎导致的问题。自我检查的方式主要有以下三种：

①正向检查法。即从审题开始，逐步向下检查，看自己审题是否正确，是否存在理解错误或者遗漏的情况；做题时所运用的概念、公式是否正确等。

②反向检查法。即从答案开始，反向检查，如加法用减法验算，除法用乘法验算，方程用代入法验算等。

③重做法。即快速将题目重新做一遍，检查两次的结果是否相同。

（3）帮助孩子建立"错题集"。

凡是善于总结失败教训的人，总是会比别人多一些接近成功的机会，正所谓"失败乃成功之母"。孩子在写作业时，经常因马虎出错，为了让孩子吸取教训，找出问题，家长可以帮助孩子建立"错题集"，具体的做法如下：

①指导孩子将作业中出现的错题完整地抄在本子上，组成"错题集"。

②辅导孩子认真检查"错题集"中的错题，让孩子检查错在哪里，并用不同颜色的笔在错误下进行标注。

③找出错误原因并进行具体标注，即写明为什么出现的错误。如把"5"看成了"3"；应用乘法却用了除法。

④修正错误，写出正确答案。在错误后面写出正确答案，可以让孩子加深记忆，避免之后再出现同样的错误。

马虎，看似是一个小毛病，却有可能造成大问题。孩子在成长过程中，可能会因为马虎造成不应有的障碍和困扰，轻则事倍而功半，重则严重地影响未来。要想解决马虎问题，首先应查找造成马虎的原因，然后寻找有针对性的解决办法。

分心，一心二用耗精力

著名心理学家丹尼尔·戈尔曼曾说："专注力比智商更能影响一个人的最终成就。"由此可见专注的重要性。

但是，很多孩子却恰恰缺少了专注力。很多父母反映自己的孩子写作业的时候容易分心，经常一边写作业一边玩，很难把注意力集中在写作业上，无论父母说了多少遍都不管用。也正是由于分心，孩子的学习效率和学习质量都出现了明显的下降。

眼看着孩子无法专心写作业，家长总是心急如焚。实际上，要想纠正孩子分心的问题，首先要了解孩子分心的原因，只有挖掘出根本问题，才能从根源上找出合适的解决办法，让问题迎刃而解。

孩子分心，可能是这两个方面出了问题

通常，导致孩子分心的原因主要有以下两种：

（1）不良饮食和睡眠习惯，引发孩子的不安情绪。

孩子的饮食和睡眠情况也会影响孩子的注意力发展，比如不吃早餐、挑食、偏食、每餐吃得过饱、睡眠质量不佳、多梦、失眠、爱熬夜、起床晚等，都会直接影响孩子的注意力。针对生理上的因素，家长需要帮助孩子养成良好的饮食习惯和作息习惯，让孩子在生理上处于健康快乐的状态。

（2）外部环境混乱，导致孩子注意力分散。

除了自身情况的影响，外部环境对于孩子学习也有着非常重要的影响。孩子的好奇心很强，对任何事情都抱有尝试心态，如果让他们处在一个混乱、嘈杂的学习环境里，对他们的干扰因素过多，是不利于孩子集中注意力的。就像有的父母让孩子在放着动画片或者大声吵闹的环境里去写作业和学习，孩子怎么可能集中注意力呢？此外，如果孩子写作业时，身边有手机、平板电脑等电子产品，也会导致他写作业时分散注意力。

"内外兼修"，三招提升孩子的专注力

综上所述，导致孩子做作业时分心的原因，主要有孩子自身和外部环境两方面。所以，我们为了提升孩子的专注力，就要从内部和外部两方面入手，以下为三个具体的解决方法。

（1）引导孩子养成良好的生活习惯，确保精力充沛。

不良的生活习惯会导致孩子的专注力下降，所以，为了提升孩子的专注力，首先要帮助孩子养成良好的生活习惯和健康的生活方式。

①合理安排作息时间，按时睡觉，保证良好睡眠。

②健康饮食，减少加工食品和高糖食品的摄入，多吃蔬菜、水果。

③带领孩子开展户外活动，锻炼身体，呼吸新鲜空气，提高身体素质。

（2）监督孩子远离电子产品，抵制电子产品的诱惑。

电子产品对于孩子来说，无疑是充满诱惑的；同时，电子产品容易成瘾，对于自控力较差的孩子来说，过多接触电子产品，无疑

会消耗他们的精力，浪费宝贵的学习时间。所以，家长要帮助孩子远离电子产品，抵制电子产品的诱惑。

例如，减少孩子接触电子产品的机会，严格控制孩子使用电子产品的时间。此外，在孩子做作业时，家长自身也要做到不玩电子产品，以免影响孩子。

（3）给孩子提供整洁、舒适的学习环境。

学习环境对于孩子写作业非常重要，家长要尽量给孩子提供一个整洁、舒适的学习环境，避免孩子因为学习环境分心。

①避免书桌上摆放不必要的杂物。例如，孩子会在写作业时不自觉地摆弄桌上的摆件、水杯等，从而分散注意力。所以家长要预先将书桌上与学习无关的杂物清除，减少影响孩子注意力的因素。

②调整书桌、座椅的高度，灯光的亮度。如果书桌、座椅的高度对孩子来说不合适，或是灯光太亮或太暗，都会让孩子在写作业时感到不舒适，孩子自然就无法将全部精力投入到学习中。所以家长要注意及时为孩子调整书桌、座椅的高度，灯光的亮度。

家长要知道，与成人相比，儿童的注意力集中时间相对较短。孩子有时爱走神，学习不好，其实并不完全是孩子的责任。我们只有从生活的点点滴滴处培养孩子的好习惯，为孩子营造安静的氛围，才能让孩子在学习时更加专注，将全部精力投入到当前的学习中去。

健忘，总是记不住

在大多数父母看来，孩子的记忆力是最好的，"健忘"这个词，一般只会出现在成人身上，很少会出现在孩子身上。但很多父母发现，自己家的孩子很健忘，别的孩子却能够过目不忘。

我们来看一则案例：

张先生是一家公司的高管，工作中，他能力出众，对下属管理有度。可是，在辅导孩子写作业方面，张先生却总是力不从心。

原来，张先生的儿子正在读初中一年级，他每天下班回家后，都会辅导孩子做作业。可是，张先生最近却发现儿子的记忆力下降了，不论学什么，总是记不住。在一次辅导儿子背诵语文课文时，张先生先让儿子用一个小时的时间，将一篇三百字的课文背诵下来。一个小时过去后，张先生检查儿子的背诵成果时却发现，儿子背诵得磕磕巴巴，还有几处完全没有记住。

看到这样的情况，张先生便又教给儿子一些记忆方法，让儿子再用半小时的时间巩固一下。半小时过去后，当张先生再次检查儿子的背诵情况时，发现儿子仍然没有将课文熟练地背诵下来。张先生无奈地对儿子说："一个半小时的时间，你竟然不能把一篇三百字的课文背诵下来，这怎么能行呢？"儿子本就因为记不住课文而情绪低落，而张先生的话，就让儿子更加伤心了。

张先生看着儿子因为记忆力下降，不仅影响了学习成绩，还渐渐失去了自信心，内心非常焦急。他想了很多办法帮助儿子提高记忆力，可是都收效甚微，为此，张先生不禁心急如焚。

其实，张先生之所以没能真正帮助孩子提升记忆力，是因为他没有找出孩子记忆力下降的真正原因，所以才无法从根源上帮助孩子解决问题，提高记忆力。

相信很多家长在辅导孩子写作业时，都曾遇到过与张先生类似的问题。而要想解决这一问题，首先要知道孩子的记忆力为什么会下降。

六大元凶导致孩子记忆力减退

孩子记忆力减退，主要有以下 6 种原因：

（1）营养不良。

孩子正处在发育阶段，充足的营养对其身体发育和智力发育都起着至关重要的作用。而如果孩子饮食不规律、营养不良，就会导致记忆力减退。

（2）睡眠不足。

充足的睡眠可以让孩子的大脑得以休息，而如果睡眠不足，孩子面对学习时，就会显得精力不足，记忆力也会有所减退。

（3）用脑过度。

如果孩子用脑过度，疲劳感就会增加，而对外界事物的敏感度则会降低，进而导致记忆力下降。

（4）情绪不良。

所谓不良情绪，指压抑、愤怒、焦虑等情绪，孩子长期处在不良情绪下，会影响孩子的思维与记忆，导致记忆力减退。

（5）过度依赖外部工具。

合理用脑，有助于开发大脑，提升记忆力，而如果孩子过度依赖网络、书籍等辅助工具，则会让大脑变得愈发迟钝，记忆力下降。

（6）身体疾病。

如果孩子的身体存在一些疾病，同样会导致记忆力下降，如多动症、抽搐症、发育迟缓、智商低下等。

孩子记忆力下降的四大危害

很多家长只看到了孩子因为记忆力减退，导致学习成绩下降的现实情况，殊不知，孩子记忆力下降的危害远不止这些。总体来说，孩子记忆力下降，一般有以下四种危害：

（1）学习成绩下降。

随着孩子记忆力的减退，其学习成绩下降无疑是最直接的危害。记忆力是孩子学习知识的保障和基础，而记忆力差的孩子很难记住新知识，对于旧知识也无法巩固，长此以往，学习成绩自然会出现下滑。

（2）打击孩子的自信心。

记忆力差的孩子，常常会在学习和生活中受挫，还会产生自己不如他人的悲观心理，并逐渐变得怯懦、自卑，严重打击孩子的自信心。

（3）引发不良的行为习惯。

记忆力差的孩子，不仅学习困难，还会经常出现丢三落四、注意力不集中的情况，他们常常无精打采、心不在焉，甚至精神恍惚，做事走神、粗心、效率低下。长此以往，孩子便会养成做事拖沓、畏首畏尾的不良行为习惯。

（4）引发不良情绪。

如果孩子由于记忆力差而屡受挫折，那么就会引发其畏难情绪，不利于培养孩子的坚毅品质。并且，长此以往还会让孩子出现焦虑、抑郁等情绪，如果不能及时调整，则会养成敏感、冲动的个性。

提升孩子记忆力的四大法宝

由上文可知，记忆力下降，对孩子的学习和成长存在着诸多危害。为此，家长就要采用科学的方法，帮助孩子提高记忆力。

（1）合理饮食，为孩子提供充足的营养。

在孩子的成长发育阶段，充足的营养可以有效提升孩子的身体素质，从而达到提升记忆力的目的。家长要保证孩子食物的多样化，以谷类为主，多吃新鲜的蔬菜、水果，并吃适量的鱼、蛋、肉等。此外，还应该摄入奶制品及豆制品，养成良好的饮食习惯。

（2）引导孩子时刻保持好心情。

情绪对于一个人的精神状态和睡眠质量都有至关重要的影响，而良好的精神状态和睡眠质量则有利于孩子的脑部发育。所以家长要引导孩子时刻保持好心情，学会在压力中调整情绪，保持积极乐观的心态。

（3）学习记忆方法，锻炼大脑。

人的大脑如果长期处于不运转的状态，就会出现记忆力减退的情况。因此，家长要帮助孩子学习记忆方法，勤用脑，以达到锻炼大脑的目的。以下为两种常用的记忆方法：

①有意记忆法。即事先明确目的、任务，然后凭借意志努力记忆的方法。有意记忆法是学习中常用的方法，可以帮助孩子系统、全面地掌握知识。

②理解记忆法。即在思考、理解的基础上，记忆相关知识的方法。对于一项知识，深刻理解后，往往可以更加牢固地记忆，并在此基础上展开更多相关知识的学习。理解记忆法对于孩子理解、记忆知

识具有重要作用。

（4）加强身体锻炼，提升身体素质。

运动可以有效促进大脑的发育，并且血液循环还可以刺激脑细胞的生长，从而提升记忆力。所以，家长平时要引导孩子加强身体锻炼，提升身体素质，在学习之余，多开展一些户外活动。

英国哲学家培根曾经说过："一切知识都不过是记忆。"在孩子学习的过程中，记忆力是非常重要的，如果记忆不好，孩子将很难取得好成绩。我们不妨细心观察一下自己的孩子，看看孩子是否存在健忘的问题。一旦孩子出现健忘的现象，就要及时采用"四大法宝"帮助孩子提升记忆力，避免孩子由于记忆力差而在学习上变得力不从心。

畏难，一次打击，一蹶不振

畏难情绪，指人在遇到困难时，不能直面困难，反而总是找借口逃避、拖延的行为。很多家长在辅导孩子写作业的过程中，都会发现孩子存在一定的畏难情绪。

实际上，我们每个人都可能存在一定的畏难情绪，但是，有些人可以克服，迎难而上；而有些人却被畏难情绪支配，裹足不前。因此，当我们的孩子出现畏难情绪时，家长要及时开解孩子，让孩子能够在学习之路上披荆斩棘，勇往直前。

（1）发觉孩子出现畏难情绪，首先要安抚孩子的情绪。

很多家长在发现孩子出现畏难情绪后，第一反应往往是帮助孩子解决眼前的困难，实际上，这是一种错误的做法。如果家长一味地帮助孩子解决问题，让孩子不能依靠自身能力克服困难，那么其畏难情绪不仅无法消解，甚至还会加重。

当孩子出现畏难情绪时，家长正确的做法，应该是先安抚孩子的情绪，避免孩子在困难面前出现过大的情绪波动。只有安抚好孩子的情绪，才能进行之后的工作。

（2）帮助孩子建立自信，培养其坚毅的品格。

当孩子出现畏难情绪时，帮助孩子建立自信，培养其坚毅的品格，有助于孩子克服困难。为了帮助孩子建立自信，家长需要做好以下三步：

①多鼓励，培养积极心态。面对孩子的畏难情绪，家长尽量不要批评、催促，而是要多鼓励，告诉孩子："你一定可以的。"通过这样的方式引导孩子建立积极的心态。

②多示弱，让孩子自主完成学习。如果家长事事都帮助孩子完成，那么孩子就会变得越来越依赖家长。一旦遇到困难，就再也无法依靠自身的能力克服。为此，家长要学会在孩子面前多示弱，以锻炼孩子自主学习、克服困难的能力。

③多总结，帮助孩子分析问题。当孩子遇到困难时，家长要帮助孩子进行分析总结，指导孩子更快地解决问题。

（3）家长以身作则，为孩子树立不畏困难的好榜样。

孩子的模仿能力很强，家长的一言一行，他都看在眼里，记在心里。要想孩子克服畏难情绪，空洞的说教远不如实际行动更有效。遇到困难时，家长应拿出一种积极乐观的心态去面对，向孩子展现出自己迎难而上的决心和勇气，为孩子树立一个良好榜样。父母以身作则，比单纯的讲道理、时时监督，更能让孩子感同身受。

（4）加深了解，指导孩子凡事量力而行。

家长要加深对孩子的了解，掌握孩子的情绪、能力，凡事指导孩子量力而行，避免逼迫孩子做能力范围之外的事情。如果孩子已经尽力去做一件事，但是结果却不尽如人意时，家长同样要给出赞赏，避免给孩子造成过多的压力。

困难和挑战，从来不会在任何一个人的人生中缺席。困难与挑战虽然往往会给人以挫折，却也可以催人奋进给人以力量。勇敢积极应对，便可不断成长；一味逃避退缩，只能裹足不前。当孩子面对困难时，家长就要成为示范者和支持者，给孩子足够的信心和勇气，让孩子可以迎难而上，奋勇向前。

第四章

良性沟通，理性引导

———————————————

　　沟通，是人类社会重要的交流方式。我们常常抱怨孩子不亲近自己，或是自己不了解孩子。究其原因，是缺少了沟通。一个无效的沟通，会导致家长与孩子之间的交流出现障碍，甚至会造成一些不必要的误会。一个有效的沟通，会加强彼此之间的了解、提升亲子感情。家长只有与孩子展开良性沟通，才能真正走入孩子的内心，了解他的学习和生活，给他提供理性、正确的引导。

站在孩子身边，而非对立面

在陪伴孩子写作业的过程中，你是否曾经遇到以下问题？

问题一：和孩子越来越没有共同语言，关系越来越疏远。

问题二：辅导孩子写作业总是忍不住发火，但是事后却总是后悔。

问题三：孩子沉迷电子游戏，屡屡管教却收效甚微。

问题四：与孩子沟通不畅，谈话中充满了反问和反驳。

问题五：孩子遇到任何问题都不会主动与家长沟通，甚至有意回避。

问题六：家庭氛围冷漠，缺乏温暖。

如果你在陪伴孩子写作业时，曾经出现或正在出现以上问题，则证明你与孩子之间的沟通出现了障碍。而如果选择对这些问题视而不见，那么最终只能让孩子与我们越走越远。只有与孩子展开一种良性的沟通，才能拉近我们与孩子之间的距离。

家长要想实现与孩子的良性沟通，首先要明确自己的立场，学会站在孩子的身边，而非对立面。

可怜天下父母心，所有的父母都希望自己的孩子能够健康快乐，没有人会主观故意地去伤害自己的孩子，可往往却在不经意间，在孩子稚嫩的心灵上留下了伤痕。站在孩子对立面的家长，总是以一种"居高临下"的态度与孩子进行交流，沟通中充斥着教训、责问、命令。特别是当孩子遇到问题时，家长轻则责怪孩子，重则打骂孩子。家长自以为用这种方式可以在孩子面前树立自己的"家长权威"，殊不知，这种做法会对孩子造成深深的伤害。

我们来看一则案例：

小刚是一名小学生。一天，小刚放学回家，他的妈妈便准备陪他写作业。可是，在开始写作业之前，小刚却委屈地对妈妈说："妈妈，我讨厌数学老师。"小刚的妈妈听了他的话，不问青红皂白，直接非常生气地对小刚说："小刚，你怎么可以不尊重老师呢？"

小刚继续说："昨天的数学作业我已经写完了，但是今天却忘了把作业装到书包里。数学老师让交数学作业时，我跟老师解释了为什么没有交作业，但是数学老师却不相信我的话，认为我在说谎，还当着全班同学的面批评了我。我觉得非常委屈。"

尽管小刚已经将事情的缘由告诉了妈妈，妈妈却并没有把小刚的解释当一回事，只是不耐烦地说："老师说你错了就是你错了，如果我是老师，也会一样批评你的。不要说那么多废话，抓紧时间写作业。"

妈妈的话让本就委屈的小刚更觉受挫。从这件事情以后，小刚有什么事情都不愿意再跟妈妈沟通，他认为妈妈是自己的"敌人"，非但不会帮助自己，反而会让自己更受伤。

导致小刚出现不愿与妈妈沟通这一现象的原因，就是由于小刚的妈妈没有和孩子进行良好的沟通，在孩子遇到问题时，站在了孩子的对立面，致使小刚认为自己无法在妈妈这里得到帮助，所以导致小刚越来越疏远妈妈。

为了避免发生与小刚同样的问题，家长要学会和孩子进行有效沟通，站在孩子的身边，从孩子的视角思考问题，做孩子的支持者。具体做法如下：

（1）向孩子表达你对他的理解。

当孩子向你诉说他的学习、生活中的经历或苦恼时，家长首先要向孩子表达对他的理解。理解他的心情，感受他的内心，当你真正理解孩子时，不仅可以与孩子进行更进一步的沟通，还会激发孩子进一步向你表达的欲望。

例如，当孩子向你倾诉时，你可以给孩子一个温暖的拥抱，并且温柔地告诉他："我非常理解你现在的心情，不要担心，我一定会和你站在一起，帮助你一起解决问题的。"

通过这样的方式，让孩子感受到你对他的理解和关心，从而让孩子能够安心、放心。

（2）站在孩子的角度分析问题。

当你所处的位置不同时，所看到风景也会有所不同，而站在不同的立场时，观念也会有所差异。父母要学会换位思考，站在孩子的角度看问题。当孩子向你倾诉问题时，如果你能从他的角度思考、看待问题，不仅可以帮助孩子解决问题，还可以了解他的内心想法，迅速拉近与孩子的心理距离。

（3）适当地向孩子表达你的想法。

在理解孩子的基础上，家长适当地向孩子表达自己的想法，可以让亲子关系变得更为亲近。

对于某件事情，父母要学会利用适当的时机，向孩子表达自己对于这件事情的看法和感受，甚至可以向孩子讲述自己类似的实际经历，让孩子知道父母也曾经历过与自己类似的问题。此时，作为家长再给孩子提出一些合理的建议，孩子往往更容易接受。

父母是孩子最亲近的人，同时也应该是孩子成长路上最坚定的伙伴和支持者。我们只有学会站在孩子身边，成为孩子的伙伴和战友，才能真正实现与孩子的良性沟通。

接纳情绪，开解心情

所谓情绪，是指人对客观事物的态度体验以及相应的行为反应。在某种事件或者环境的影响下，人会在一定的时间内产生特定的情绪。当事件发展符合预期时，人便会产生积极情绪，而当事件发展不符合预期时，人便会产生消极情绪。情绪对一个人的身体、心理以及行为等多个方面都会产生重要影响。特别是负面情绪，如果控制不当，人就会被负面情绪所支配，对身心产生不良影响。

孩子也是一样，他们会因为不同的事情产生不同的情绪。家长要实现与孩子的良性沟通，就要学会接纳孩子的情绪，并帮助孩子开解心情，教孩子如何控制、化解不良情绪。

有这样一则故事：

曾经有一个小男孩，脾气非常暴躁，经常因为一点小事便大发脾气。他发起脾气来，总是不管不顾地乱摔东西、骂人，身边的同学、朋友都逐渐和他疏远了。

不过，小男孩的父亲看到这样的情况，并没有责怪他，只是耐心地告诉他："你遇到不开心的事情，生气是非常正常的。但是，你却不能总是因为自己不开心而对其他人发脾气。现在，我给你准备了一块木板，还有一袋钉子。以后，如果你再遇到不开心的事情想要发脾气时，就在木板上钉上一根钉子。"

小男孩觉得父亲的提议非常有意思，便同意了。第一天，小男孩就因为对很多事情感到不快而在木板上钉了很多钉子。没过几天，男孩就已经将木板上钉满了钉子。渐渐地，男孩发现，有意地控制自己的情绪，比在木板上钉钉子更容易些，所以他便开始试着控制自己的情绪。果然，他想发脾气的次数一天比一天少了。

父亲看到了小男孩的变化，便又告诉他："你做得很好。以后，当你每次想要发脾气，却能自己控制住时，就可以从木板上拔下一根钉子。"一段时间后，男孩已经能够很好地控制自己的情绪，木板上的钉子也已经全部被拔了出来。

父亲拿着满是钉子孔的木板，对他说："孩子，你学会了控制自己的坏脾气，做得很好。但是，就像这木板上的钉子会在木板上留下钉痕一样，你对别人发脾气时，同样会给别人造成伤害。"

至此，小男孩终于明白了父亲的良苦用心。从那以后，他便很少发脾气，那些疏远他的同学和朋友，也渐渐地又和他熟络了起来。

在这个故事中，小男孩的父亲在小男孩发脾气时，并没有指责孩子，也没有选择对孩子的不良情绪视而不见，而是通过"钉钉子，拔钉子"这样富有智慧的方式帮助孩子学会了控制情绪。家长在孩子出现不良情绪时，要想像故事中的父亲一样，巧妙地帮助孩子化解负面情绪，一般需要做到以下几点。

（1）接纳孩子的情绪。

情绪是人们因为某个事件而产生的主观感受。当孩子出现情绪时，父母首先要做的，就是接纳孩子的情绪。

例如，孩子在写作业的过程中，出现了烦躁情绪，开始胡乱写作业，甚至撕扯作业本。此时，家长不要急于责骂，先试着接纳孩子的情绪，对孩子的情绪予以关注、尊重和理解，避免出现家长与孩子的情绪对抗、反对的情况。

此外，我们需要知道，接纳孩子的情绪，并不等于赞同孩子的情绪或做法，而是先接纳，再想办法改变。接纳了孩子的情绪，孩子会在心理上更加信任家长，从而愿意听家长的建议或看法。

（2）倾听、正视孩子的情绪。

当孩子向你诉说他的苦闷时，作为家长，要耐心倾听，并且正视孩子的情绪，而不是对孩子的苦恼不屑一顾。实际上，在成年人看来是一件很小的事情，在孩子眼中却是一件天大的事情。

例如，孩子对你说"这次考试成绩不理想，我特别难过。"我们要避免对孩子说："这又不是什么大不了的事，至于这样吗"等类似的话。一旦说出这样的话，孩子就会认为家长并不理解他，从而关上沟通的"大门"。

（3）帮助孩子解决具体问题。

孩子产生不良情绪，很大原因是他遇到了自己无法解决的困扰或问题。所以，家长要想从根源上帮助孩子打消不良情绪，就要认真分析问题，与孩子一同制订解决问题的方案，并且帮助孩子最终解决问题。

例如，孩子在写作业时越写越难过，甚至哭了起来。家长就要仔细询问孩子原因，是作业难度太大，还是有其他不开心的事情，然后有针对性地帮助孩子解决问题。

每个人都会有情绪，开心抑或难过。当孩子有情绪时，我们不妨接纳孩子的情绪，并对其进行开解和疏导，让孩子能够时刻保持顺畅的心情，以一种积极的心态面对学习，以一种豁达的态度面对人生。

说出你的要求，倾听他的需求

在辅导孩子学习、陪伴孩子写作业的过程中，父母为了更好地教育孩子，常常会对孩子提出一些要求。同时，孩子自身也会有一些需求，需要父母帮助他完成。我们在提出自己要求的同时，要理解和倾听孩子内心的需求，提供他所需要的成长环境，使他的需要得到满足。只要有适当的帮助和环境，孩子自己就会发展自己的个性，靠自己的努力成长为一个有能力的人。

清晰、具体地说出对孩子的要求

很多家长一提起自家孩子便愁容满面，抱怨孩子不听话。自己反复要求孩子做一件事，但是孩子依然我行我素，似乎把父母的话当成了耳旁风。实际上，孩子不按照父母的要求做事，不一定是孩子不听话，还有可能是你提要求的方式出了错。

孩子不听从父母的要求，具体有以下三种原因：

（1）孩子不知道为什么要听从父母的要求。

通常，对于一件事，人们只有知道为什么要做，才有可能愿意做，孩子也是如此。但是，很多父母在给孩子提要求时，只是简单、直接地对孩子提出自己的要求，并没有告诉孩子为什么要做这件事。

这样就会使孩子出现不理解、不情愿的心理。当他不知道为什么要听从家长的要求时，自然不会按照要求做事。

（2）孩子不知道具体应该怎么做。

很多家长在对孩子提要求时，提出的要求只包含结果，却没有具体的实施方法，导致孩子即使想要按照家长的要求做，都不知道从何做起。

例如，家长想让孩子收拾好自己的房间，如果只是对孩子说："今天，你要收拾好自己的房间。"可是，孩子并不知道具体要收拾哪些东西，如应摆放在哪些位置、收拾到什么程度等。那么孩子自然不能做到让家长满意。

（3）孩子不知道不听从要求的后果。

如果家长只是对孩子提出自己的要求，而对于孩子是否照做，并没有明确告知相应的后果，如不听从要求会受到什么样的惩罚等，孩子便会视而不见，依然我行我素。

针对以上三个原因，家长要想让孩子听从要求，就要做好以下三点：

①明确目的。即对孩子提要求时，要告诉他为什么要让他做这件事。

②说出方法。孩子不知道怎么做，自然就做不好，甚至不会做。只有在提要求的同时，告诉孩子具体的实施方法，孩子才能更好地完成你的要求。

③讲明后果。即让孩子知道不按照要求做的后果。通过这样的

方式可以威慑孩子，提升孩子的重视程度。

父母只有按照以上三点对孩子提出要求，才能确保所提出的要求清晰、具体，孩子才能清晰地接收到你的信息。

耐心、细致地倾听孩子的需求

在孩子的成长过程中，会产生很多的需求。父母只有了解、满足孩子的需求，才能帮助孩子更好地学习、成长。因此，父母就要学会耐心、细致地倾听孩子的需求。

（1）认真倾听，不要随意打断孩子的话。

有时，当孩子兴冲冲地找到父母，想要说一说自己的心里话时，父母却总是忙着做其他的事情，要么让孩子等一等，要么在孩子诉说的过程中随意打断孩子，去做另外的事情。殊不知，这样的做法，会让孩子觉得自己的父母并不重视自己，久而久之便会不愿再对父母敞开心扉。

为了避免出现类似的问题，父母就要重视孩子所说的话。当孩子向你倾诉时，尽可能地放下手中的工作，认真地听孩子把话说完。这样，不仅能使你更好地了解孩子的想法，还能让孩子感受到父母对他的尊重和爱护，从而使得亲子关系更加亲近。

（2）理解孩子，与孩子产生共鸣。

当孩子说出他的需求后，父母要针对孩子的话进行细致的分析，让孩子感觉到被理解，与孩子产生共鸣。父母还可以在孩子倾诉的过程中，采用非语言的方式表达自己的关心，拉近与孩子的距离，如点头表示同意孩子的想法，轻轻拥抱孩子，给孩子温暖。

（3）满足孩子需求，给孩子一个满意的答复。

对于孩子的需求，父母要尽可能地满足他的合理需求，给他一个满意的答复。这样，不仅可以帮助孩子解决其现阶段存在的问题，让其更好地学习、生活，还能提高父母在孩子心目中的地位，让孩子知道，父母是可以帮助他解决问题的，从而使孩子内心更加接纳父母。

父母与孩子，本是最亲近的人。父母对孩子的要求，饱含着殷切的期望；孩子对父母的需求，充满着亲近的依赖。父母与孩子沟通相处，就要清晰地说出自己的要求，耐心地倾听他的需求，在良性的沟通下孩子会变得越来越优秀。

和缓态度，严格不是严苛

一位心理学家曾说过："儿童幼小的心灵是非常细嫩的器官，冷酷的开端会将他们的心灵扭曲成奇怪的形状。"每个父母都希望自己的孩子能够成为栋梁之材。但是，如果教育方式过于严苛，就会使孩子的心态在高压之下出现扭曲，所造成的这种伤害，甚至会伴随孩子一生。为了避免出现这样的问题，家长就要在与孩子沟通交流的过程中，采取和缓的态度。教育孩子可以严格，但绝不能严苛。

严苛管教，给孩子造成一生的伤害

教育学家认为，父母对孩子行为的不当干预，不仅会束缚他的求知欲，而且还会挫伤他的自信心，对他的智力发展和人格形成都会造成不利影响。相关研究结果表明，在童年时期受到家长严苛管教和限制的孩子，成年后都会出现不同程度的创伤后心理压力紧张综合征。他们习惯了被父母严苛对待，同时，也会用更加激烈的方式来反抗父母。

我们来看一则案例：

张明是一家公司的经理，事业有成，但是，他的内心却非常自卑，不敢与他人交流，还会在出现问题时，不自觉地将错误归结到自己的身上。这种自卑的心理给他的生活蒙上了一层阴影。张明知道自己的性格存在问题，却始终无法改变。而张明之所以会出现自卑的心理，与他童年时期父母对他的严苛管教有着分不开的关系。

　　原来，在张明小的时候，他的父母对他的管教非常严苛，常常对他进行打骂。一次，有亲戚到张明家做客，吃饭的时候，张明因为考试成绩不理想，被父亲在众多亲戚的面前羞辱。他的父亲责骂张明"不长进"，甚至狠狠地打了张明一个耳光。即使亲戚们都在劝说，张明的父亲依然对张明大声责骂不休。

　　这件事情彻底击碎了张明的自尊心，从此他变得越来越自卑、自闭，这件事情也成为了张明一生无法释怀的伤害。

从张明的故事中，不难看出父母过于严苛的管教对孩子所造成的伤害可能一生都无法释怀。父母过于严苛，一般会造成如下几个方面的伤害。

（1）孩子变得自卑、懦弱。

由于父母过于强势，孩子稍有做得不合心意的地方，父母轻则训斥，重则打骂，孩子长期处于压迫和惊吓之中，久而久之就会变得自卑、懦弱，见到父母，就像老鼠见了猫。

（2）孩子可能出现叛逆心理。

一些孩子长期处于父母的高压管理之下，在其年幼时，因为无法与父母抗衡，所以选择短暂地服从父母，但是，其内心却是非常抵触的。所以，当其成长到一定阶段，有一定的自主能力后，便会出现叛逆心理，性格暴躁，甚至做出过激行为。

（3）孩子可能会出现自残行为。

如果父母对于孩子过于严厉，孩子无法从父母这里得到温暖和爱护，就会产生孤单情绪，变得抑郁、孤僻，采用酒精、斗殴等方式麻痹自己，甚至会出现自残行为。

教育孩子，可以严格不能严苛

从上面的案例中，我们可以看出，父母过于严苛地对待孩子，会对孩子的身心产生非常负面的影响。因此，我们在教育孩子时，要注意自己的态度问题。不过，这并不是说父母要对孩子放任不管。正确的教育方式，是宽严相济，张弛有度。

而要想做到张弛有度地教育孩子，就要做到以下四个关键点：

（1）根据孩子个性，因材施教。

每个孩子都是一个独特的个体，都有自己独特的性格和特点。有的孩子性格外向，而有的孩子却性格内向、敏感。性格不同的孩子，适合的教育方法也有所不同。例如，与外向的孩子沟通，可以采用相对直接的方式；而对于内向的孩子，沟通的方式则要委婉一些。父母要先了解自己孩子的个性，然后因材施教，选择合适的沟通方式。

（2）维护孩子的尊严。

一个人最宝贵的是尊严。对一个孩子来说，最可怕的不是棍棒、拳头，而是失去面子、失去尊严。在教育孩子、与孩子沟通时，父母要注意方式方法，尽量维护孩子的尊严，避免使用不当方式，伤害孩子的自尊心。

（3）与孩子共同制定规则。

父母教育孩子的最终目的，都是希望孩子可以不断进步。而如果父母只是自行为孩子制定规则，让孩子遵守的话，孩子难免会产生被压迫的感觉。而如果能够让孩子参与到规则的制定过程中，那么孩子就会更加有参与感，对于规则也会更加重视。

（4）与孩子沟通时，态度要坚定、和善。

孩子作为一个独立的个体，有其独立的人格和思想。父母在与孩子沟通时，要注意采用比较缓和的态度，让孩子感受到父母的善意。不过，在指出孩子的问题时，父母态度要坚定，这样才会引起孩子的重视。

严苛、专制式的管教只会让孩子产生逆反心理，其创新思维也会受到压抑，长大成人后，很难有自己的想法，即使有自己的想法，也不太敢表达出来。所以，对待孩子，我们要保持一种温和而又坚定的态度，这样孩子的人生之路才会越走越顺畅。

平等交流，孩子不是工具

很多父母都知道要尊重孩子，要与他进行平等交流，可真正能够做到的却少之又少。我们总是不放过任何一个向孩子灌输道理的机会，总是想方设法地让他接受我们的想法，甚至采取一些强硬的手段。父母这样做一般达不到预期效果，反而会让孩子产生逆反心理。父母要想走进孩子的内心世界，必须从内心深处改变自己，不再居高临下，应以对待朋友的方式与孩子进行平等交流。

不平等，就会导致不和谐

在一个家庭中，如果家长不能与孩子平等相处，就会导致家庭氛围、亲子关系等方面的不和谐。

（1）父母与孩子地位不平等，家庭中就会缺少民主。

如果父母不能把孩子当成一个拥有独立思想的个体，而是把孩子当作自己的附属品，要求孩子对自己言听计从，自己事事都要做主，孩子就会在这种"家长威严"的压迫下失去话语权，从而导致家庭中缺少民主氛围。

（2）父母漠视孩子，导致亲子关系疏远。

不能与孩子平等相处的父母，总是认为孩子的一切，甚至生命都是自己赋予的。并且他们认为孩子的心智发育尚不成熟，因此对孩子的各种观点都不屑一顾，甚至漠视孩子的想法。实际上，这种做法不仅不能在孩子面前"立威"，还会让孩子产生父母不关心自己的感受，从而导致亲子关系越来越疏远。

（3）孩子压力过大，出现逆反心理。

父母不顾及孩子的想法，一味地按照自己的想法做事，为孩子安排一切，全然不顾孩子的感受。长此以往，孩子便会在过大的压力下产生逆反心理，企图用对抗的方式来反抗父母对自己的安排。

平等交流，孩子会和你更亲近

成功的家庭教育，一定是民主的教育，父母与孩子平等相处，尤其是交流的时候，父母要能够俯下身来与孩子进行目光平视，以平等的姿态与孩子相处，对孩子正确的想法和行为给予充分的肯定与赞赏。而父母要想做到与孩子平等交流，就要做到以下几点：

（1）与孩子建立互相尊重关系。

每个人都拥有独立的人格与思想，都有自尊与被尊重的需要，孩子也是一样。因此，父母要想与孩子建立平等的关系，首先要与孩子建立互相尊重的关系。

父母和孩子之间应该是一种和谐的关系，双方互相尊重。父母应该给予孩子一定的自由和空间，做事先征求孩子的意见，而孩子遇到什么事要主动和父母商量，获得父母的支持。亲子关系如此和谐，孩子才会健康成长，即便日后不会有十分显赫的成就，父母和孩子之间的关系也是令人羡慕的，不会走到亲子决裂的地步。

（2）善于观察，探寻孩子的内心世界。

父母要学会在平时的一点一滴中，观察孩子的一言一行，观察孩子的变化，探寻孩子的内心世界，在了解孩子的基础上，与他更好地进行沟通和交流。

例如，父母要观察孩子的性格变化，如果孩子平时非常活泼，但是突然变得不爱说话，父母就要对这种情况重视起来，及时和孩子沟通交流，询问孩子发生了什么事情，是否有困难，需要为他提供哪些帮助。

（3）倾听孩子的内心。

父母要与孩子平等地交流，要学会倾听他们的内心想法，在孩子迷茫、伤心时，做他们无声的倾听者，给他们温暖的拥抱，并为他们提供合理的建议，帮助他们解决困惑与问题。

（4）求同存异。

父母与孩子是两代人，难免会有不同的观点和想法。找到"同"，我们与孩子就有了共同的语言和行动；保存"异"，就是保存对彼此的尊重和理解。如此"求同存异"有助于父母理解孩子，孩子体谅父母，让原本要激化的亲子矛盾得以巧妙化解。

我们在与孩子沟通相处时，需要时刻谨记，孩子是一个独立的个体，拥有独立的人格和思想。只有用一种平等的方式与孩子进行交流，才能拉近我们与孩子的关系，引导孩子养成健全、独立的人格。

对症下药，提供最精准的帮助

孩子在成长的过程中，由于心智、境遇、学习等诸多方面的影响，会遇到各种各样的问题。而一把钥匙开一把锁，不同的问题，要用不同的方法去解决。为此，父母要学会理性引导孩子，根据孩子遇到的具体问题对症下药，给孩子提供最精准的帮助。

发现问题，才能提供帮助

父母要想在孩子的学习成长过程中为其提供帮助，首先要发现孩子存在的问题。只有找出问题，才能明确帮助的方向。通常，要想发现孩子的问题，父母可以从以下三个方面入手：

①日常观察。父母可以通过观察孩子的一言一行，以及心理状态，发现孩子存在的问题。

②与孩子谈心。通过与孩子沟通谈心，父母可以快速掌握孩子的动态，从孩子的口中获得最直接的信息。

③与老师沟通。孩子每天大部分的时间都是在学校中度过的，除了父母外，老师是最了解孩子的人。父母可以通过与老师沟通，了解孩子在学校中发生的事情以及孩子当前遇到的困难。

一把钥匙开一把锁，问题不同方法不同

不同的问题，所适合的解决方法也不同。我们要学会根据孩子的具体问题，选用适合的解决方法帮助孩子解决问题。下面是一些问题和解决方法，父母可以根据孩子的实际情况，进行借鉴与参考：

（1）上学贪玩，自制力差。

如果孩子出现了贪玩、自制力差的问题，父母首先要分析孩子出现这一问题的原因。

通常，孩子贪玩，自制力差，有以下几种原因：

①孩子注意力差，精神不易集中，导致学习时容易出现注意力分散的问题。

②环境杂乱。如果孩子生活的环境过于杂乱，则很容易被外部环境因素吸引，不能静下心来学习。

③对自身要求不严格。孩子一心只想着玩，没有给自己制定明确的学习目标，对待学习得过且过。

在明确了孩子自制力差的原因后，父母要尽快帮助孩子找到合适的解决方法。

第一，明确学习目标，端正学习态度。父母可以根据孩子的兴趣、特点，比如针对孩子喜欢的偶像进行分析，告诉孩子他们为什么能够取得那样的成就，以此激励孩子端正自己的学习态度。

第二，在孩子分心时及时提醒。如果孩子不能沉下心来学习，父母就要在孩子分心时及时予以提醒、督促，避免孩子由于长时间的分心而影响学习效率和学习质量。

第三，清除环境中的杂乱因素。外部环境过于嘈杂，也会影响孩子的学习状态，因此父母还可以帮助孩子清除外部环境中的杂乱因素，以便孩子能够专心学习。

（2）孩子与同学发生矛盾。

孩子在学校上学时，由于并不擅长处理人际关系，所以和同学之间难免会产生矛盾。发生矛盾后，不仅不利于同学之间的团结，还会影响孩子上学的心情。如果孩子出现这一问题，父母可以按照以下方法帮助孩子解决问题。

①鼓励孩子自行处理与同学之间的小矛盾。如果同学之间只是发生一些小矛盾，如不小心摔坏了对方的东西，或是碰了一下，这样的小摩擦并不涉及原则问题，父母不妨让孩子自行处理，如鼓励孩子向同学道歉，或是与同学坐下来好好聊一聊。这样，不但可以解决孩子与同学之间的矛盾，还可以锻炼孩子处理问题的能力。

②就孩子的情况与老师进行沟通。如果所发生的矛盾孩子无法自行解决，父母还可以就孩子的情况与老师进行沟通。老师在孩子身边，比较了解矛盾的起因和过程，并且会站在一个相对公平、客观的角度分析问题，这有利于矛盾的消除。

③双方家长进行沟通。如果孩子与同学发生了矛盾，双方家长也可以进行沟通，针对孩子的情况交换意见，以便更好地解决问题。

在孩子的成长过程中，难免会遇到各种各样的问题。父母需要做的就是帮助孩子找出问题的原因，然后选择合适的方法，对症下药，给孩子提供最精准、最合适的帮助，为孩子的学习和成长保驾护航。

第五章

自主学习，唤醒内驱力

教育学家陶西平曾说过："随着教育内容、形式和技术的巨变，未来学校将被更为广阔的平台取代，自主学习将成为主要途径。"自主学习，关键在一个"自"字，即学习的内驱力。最好的家庭教育正是要培养孩子的自主学习能力。而自主学习的内驱力一旦被唤醒，孩子就能在没有外力逼迫的情形下，对学习知识产生无限渴望。

端正学习态度，好态度是成功的前提

美国著名教授希尔曾说过："造就人类成就的，除了能力外，还有一种催化剂，就是态度。当态度正确时，能力便可以发挥到极致，自然就可以取得好成绩。"由此可见，态度决定一切，学习方面也是如此。学习态度的好坏，能决定孩子的学习行为是否积极。拥有良好的学习态度，不代表一定会成功，而没有良好的学习态度，却必然不会成功，可以说，好态度，是走向成功的前提。因此，我们要培养孩子的自主学习能力，首先要让孩子端正学习态度。

现在的学习态度，决定以后的人生高度

学习态度，一般是指孩子对学习及其学习情境所表现出来的一种比较稳定的心理倾向。不同的学习态度代表不同的学习动力，也代表了不同的学习效果。因此可以说学习态度决定学习效率，决定学习成绩和考试成绩。良好的学习态度是提高学习成绩的重要内因之一。

（1）学习态度影响学习行为。

学习态度对学习行为会产生直接影响。孩子学习态度端正，在学习时就会表现得努力、上进、积极；而学习态度消极时，孩子就会出现逃学、抗拒等不良行为。

（2）学习态度影响学习效果。

相关研究表明，积极的学习态度对学习速度和质量有促进作用。具有良好学习态度的孩子，认为学习非常有意义，往往上课注意力更加集中，作业完成质量更高，学习成绩也更突出；相反，而那些具有不良学习态度，认为学习无用或对学习不感兴趣的孩子，在学习过程中则常常出现更多的问题，学习效果也不理想。

（3）学习态度影响个人耐受力。

耐受力，指人在遭遇挫折时，经受打击和克服困难的勇气和能力。一个人的学习态度对其耐受力具有重要影响。一个拥有良好学习态度的孩子，即使在学习中遇到了困难或者挫折，仍然会表现出较高的耐受力，更加勇敢、坚毅地应对困难；而一个学习态度不端正，认为学习不重要的孩子，在学习中遭遇失败时，耐受力却极为不足，表现出灰心丧气、一蹶不振的状态。

端正学习态度，打开良好开端

良好的学习态度对于学习成绩和学习效率的提高都极有帮助，那么，父母应该如何引导孩子端正学习态度呢？

（1）让孩子意识到学习的重要性。

让孩子意识到学习的重要性，是引导孩子端正学习态度的第一步。父母可以通过各种方法，让孩子知道学习对其人生具有极其重要的影响。

①与孩子探讨人生理想。理想是人生道路上前行的灯塔。有了科学、崇高的理想，我们才会树立正确的人生目标，才不会迷失方向。父母可以与孩子探讨他的人生理想，问他长大后希望成为什么样的人，从事什么样的工作。同时告诉孩子，要想实现人生理想，首先要好好学习。自己的梦想有多大，就要付出多大的努力。只有好好学习，才能实现远大的人生理想。

②给孩子讲故事，通过故事让其知道学习的重要性。一些孩子对于学习并没有具体的概念，通过给其讲故事，可以用更加形象的方式让他们了解到学习的重要性。例如，通过给孩子讲述相关故事的方式，告诉孩子学习可以改变命运。

（2）注重学习过程，不单唯成绩论。

关注学习过程比关注学习结果更有意义。当孩子过于关注考试成绩时，过强的动机就会干扰他的思维和行动，不但达不到应有的目的，反而会打击他的自信心，正所谓欲速则不达。

我们父母要引导孩子学会把注意力从结果转移到过程上，学会回顾思考、分析总结，这样才能以更好的心态投入到接下来的学习中去，而不仅仅是停留在关注学习成绩的层面。孩子只有真正重视学习的过程，才能提升他的学习自主感与效能感，才能最终把学习成绩提上去。

（3）培养孩子坚毅的品质。

孩子在学习过程中，难免会出现各种各样的问题。父母要注重培养孩子坚毅的品质，让其能够在挫折和困难面前，仍然能够充满信心，以坚强的心态面对困难，摆脱困境。

学习态度对孩子的学习效率有很大的影响。学习态度端正，孩子的学习效率就会明显提升。让孩子端正学习态度，不是一朝一夕就能完成的，父母要有耐心与恒心。

管理学习时间，有效提升学习效率

时间管理对每一个人来说都至关重要。一个善于管理时间的人，总能高效地完成任务，并取得良好成果。而一个做事高效的人，也必定是具有时间观念，并且善于合理安排时间的人。

时间管理，指通过事先规划，并运用一定的方法和技巧，实现对时间灵活、有效的运用，从而达到既定目标的过程。时间管理是一个概念，更是一种方法。学会时间管理，才能引导孩子进行自主学习。

时间管理是一个系统工作，我们要想让孩子学会时间管理，可以从如下五个方面入手。

制定明确、具体、可实现的目标

管理大师拿破仑·希尔曾说过："目标，必须是清晰而具体的。"合理的目标，是做好一件事情的开始。只有目标明确、具体、可实现，依据目标所制订的计划才可能切实可行。

①明确。即用具体的语言，清晰地表明目标所要达成的具体标准。如果目标模糊不清，后续的计划就无法制订。

以完成假期作业为例，如果只是将目标定为"今天要多完成一部分作业"，那么这一目标就显得过于笼统、模糊，接下来的学习计划就无法制订。而如果将目标变得更加明确一些，定为"今天要完成一部分语文作业"，那么接下来学习计划的制订方向就会更加明确。

②具体。通常，一个目标越具体，其实现的可能性就越大。

以上述"完成一部分语文作业"为例，目标要具体，就需要在目标中清晰地展现出作业的内容等，如"完成语文作业中作文的部分"。

③可实现。所谓目标可实现，指的是目标的可行性。如果所设置的目标超出了能力范围，那么即使明确、具体，最终也是无法达成的。因此，在设置目标时，孩子要根据自己的能力，在合理范围内制定可实现的目标。

依据"二八定律"，分清轻重缓急

二八定律，又称巴莱多定律。该定律指出，在任何一组事件中，最重要的只占其中一小部分，约为 20%，其余 80% 尽管占多数，但是重要程度却是次要的。

在孩子的学习、生活中，二八定律同样适用。当孩子面对多项任务时，便可以按照事情的重要程度和紧急程度，将不同的学习任务分为四种，并为其排列优先级。

第一种，重要且紧急的事情。

第二种，重要但不紧急的事情。

第三种，紧急但不重要的事情。

第四种，不重要也不紧急的事情。

父母要教孩子将自己的事情按照以上四种类型进行分类，并且逐项完成各项任务。通过这样的方法，孩子做事可以更加有条理，时间把控也会更出色。

根据实际情况，进行差异安排

人在一天之中，不同的时间，其精力也会有所不同。有时精力充沛，有时疲倦懒怠。精力充沛的情况下，做事效率也会更高。因此，孩子在自主学习的过程中，要学会根据自己的实际情况，对自己的事情进行差异化安排。

例如，清晨起床，头脑往往相比其他时间更加清醒，此时便可以安排做阅读理解、背诵等学习；上午精力较为充沛，不容易受到干扰，便可以用来做对专注力要求较高的理科类作业；而下午精力相对不足，则可以用来学习其他较为轻松的内容。

通过这样的差异化安排，在不同的时间做不同的事，可以使学习效率得到明显的提升。

提升执行力，坚决执行学习计划

没有执行力，再完美的计划也只能是一纸空谈。因此，我们要监督孩子，使其高效、彻底地执行既定的学习计划。

①将每天的计划牢记在心中，提升对学习计划的重视程度。

②在执行学习计划的过程中，检验学习计划是否合理、可行、实用。

③疲劳、走神时，通过一些运动缓解疲劳，避免精力分散，如

俯卧撑、开合跳，或者去户外呼吸一些新鲜空气。

④把握时间，保证每项学习任务都能在规定的时间内完成，以确保学习计划的顺利进行。

劳逸结合，保持自己的节奏

每个人做事都有自己的节奏，孩子在自主学习的过程中，找到并保持自己的节奏非常重要。父母引导孩子尽量不要把学习时间安排得太满。如果一味地给自己增加学习压力，非但不能提高学习效率，还会影响身体健康。我们要让孩子学会劳逸结合，适当的休息才能事半功倍，在休闲放松中，学到新知识，找到适合自己的学习方法。

一天 24 小时，时间对于每个人来说都是公平的。而能让孩子战胜他人、脱颖而出的，就是高效的时间管理。我们要帮助孩子学习管理、利用时间，用最短的时间做最高效的事。

掌握学习方法，作业也可以很简单

达尔文曾说过："一切知识中，最有价值的是关于学习方法的知识。"一定程度上，方法即是捷径，合适的方法可以提升效率，创造成绩。"工欲善其事，必先利其器。"如果我们想做好一件事，必须要先拥有精锐的工具、具备适当的手段。我们引导孩子进行自主学习也一样，帮助他掌握学习方法，能提升其学习效率。

制订切实可行的学习计划

俗话说，凡事预则立，不预则废。很多孩子都有自己的学习计划，但往往不能实施。这些计划，要么太空泛，要么太具体，有的甚至具体到几点几分做什么，其中一个事情慢半拍便导致其他事情都受到影响，最后导致整个计划无法完成。孩子如果不能独立制订切实可行的学习计划，父母可以协助完成。

（1）分析孩子的学习特点。

每个孩子都有自己的学习特点，有的孩子理解力强，老师在课堂上讲一遍，就能学会；有的孩子记忆力强，背诵课文非常快；有的孩子写作业快，却经常出错；有的孩子写作业慢，但是认真仔细，质量高。适合自己的，就是最好的。因此，孩子要制订切实可行的计划，就要对自己的学习特点进行全面而准确的分析。

（2）分析孩子的学习现状。

如孩子现阶段在班级内的成绩排名、学习状态以及进步的空间等。

（3）依据学习目标，科学安排时间。

在明确学习目标后，就要根据自身情况，科学、合理地安排时间。进行时间安排时，既要考虑到学习时间，同时也要考虑到休息和娱乐的时间。劳逸结合，计划往往更容易执行。

（4）定期检查计划执行情况。

在执行计划的过程中，由于种种原因，可能会导致计划实施延期或被搁浅。为了避免出现这样的情况，就要定期检查计划执行情况。

检查内容包括：计划中的学习任务是否完成；完成效果如何；如果计划执行受阻，具体原因是什么。通过定期检查，可以发现学习计划中存在的不足之处，并及时完善、修正。

科学、有目的地预习

预习，可以让孩子提前熟悉将要学习的知识，对知识进行整体的把握。孩子可以在预习的过程中，发现新知识的重点和难点，从而在老师上课时，可以有目的、有重点地听课，达到事半功倍的效果。

孩子要做好预习，就要做好以下几步：

（1）确定预习时间与预习科目。

通常，预习安排在孩子做完当天的作业之后。而如果当天的作业较多，所剩时间较为紧迫的话，孩子就需要选择自己的薄弱学科进行重点预习。而对于擅长的学科，则可以适当减少预习时间。如此，才能在保证孩子休息时间的前提下，提升预习效果。

（2）迅速浏览新知识。

先将第二天课堂上要讲授的知识迅速浏览一遍，找出自己不懂的地方。

（3）带着问题，对新知识进行第二遍梳理。

第二遍要带着第一次快速浏览时找出的问题，认真钻研教材。可以通过翻看以往知识手册、工具书、参考书等方式，尽力找出答案。通过努力解决不了的问题，就要在书中进行标注，这些问题就是第二天上课时听课的重点。

及时复习，巩固知识

德国著名心理学家艾宾浩斯的遗忘曲线表明：遗忘在学习之后立即开始，并且遗忘的进程并不均匀，开始的遗忘速度最快，以后逐渐放缓。这一理论向我们展示了复习的重要性。

通过复习，可以将学过的知识进行重新学习、记忆、理解、整理，让知识变得系统化。通常，复习可以分为以下几种：

①课间复习。即每节课结束后，利用课间的时间，把老师在课堂上讲过的内容进行快速梳理。

②当天复习。即放学后，对当天所学的内容进行复习。

③每周复习。即在周末时，将一周内所学习的课程进行总结、复习。每周复习由于涉及到的知识内容较多，所以需要合理安排时间。

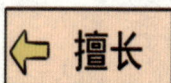

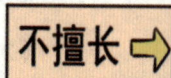

← 擅长

不擅长 →

④单元复习。即完成一个单元的学习后，对这一单元的知识及时进行总结、复习。

构建知识树，形成知识体系

知识树，是用来厘清教材思路和各类知识内在逻辑关系的知识结构图。知识树的形式多种多样，有树状图、网状图、表格、线状图等。构建知识树，也就是构建自己的知识体系，将所学的知识形成一个整体，有助于孩子理解、记忆所学知识。

孩子在学习新知识后，要对这一知识进行准确、深刻的理解，并将这一知识按照关联性，放在自己的知识树上。构建知识树是一个漫长、细致的过程，孩子要在学习中形成思维习惯，以便随时将新知识纳入自己的知识体系。

对于学习者而言，学习不仅是要掌握知识，更重要的是学会如何学习。正确的学习方法，有利于激发孩子学习的积极性和主动性，有利于形成学习策略，提高学习效率，有利于培养孩子的自主学习能力，还有利于培养孩子的创新精神和创造能力，这对于低年级的孩子来说更为重要。

加深自我了解，建立专属"错题集"

错题集，指将自己做错的试题按照一定的规范和顺序整理到错题本上，由此形成一个错题的集合。通过错题集学习法可以将错题不断地回炉淬炼，它贯穿于学习新知识、温习旧知识的全过程，能够以小见大，从错题中找出知识点漏洞，找出个人存在的习惯、思维等弱点，有针对性地进行修正与完善。因此，自主学习的过程中，孩子可以通过建立错题集加深自我了解，明确努力方向，使今后的学习更加具有针对性。

四步建立专属"错题集"

建立错题集，不只是将错题抄下来这么简单。要想建立简洁、实用的错题集，就要遵循以下四个步骤：

（1）筛选错题。

建立错题集，并不是要将所有的错题全部抄录下来。如果将错题全部抄录，一方面会耗费大量的时间和精力，另一方面，错题集也会变得繁杂厚重，没有重点，也就背离了建立错题集的初衷。因此，要建立错题集，首先要对错题进行筛选。

在选择错题时，要遵循以下三个原则：

原则一：过滤掉因低级错误导致的错题。不选择由于低级错误而做错的题目，如本来会写的题，因为马虎而做错了。遇到这种题，需要提醒自己细心，而不需要整理到错题集中。

原则二：排除偏题、怪题。这类题并不具有代表性，并且在考试中出现的概率较低，所以不需要将其摘抄进错题集。

原则三：选择由于思路性错误而做错的题。这些题可以充分体现出还有哪些知识点掌握得不够扎实。如果可以根据这些错题学会正确的解题思路，则可以举一反三、触类旁通。

（2）按照自己的复习习惯摘抄错题。

在选出需要整理到错题集上的错题后，就需要按照自己的复习习惯摘抄错题。每个人都有自己的复习习惯，如按照错题类型分组、按照错题所属章节分组等。但是，不论按照什么标准分组，都要保证错题集的逻辑清晰、书写工整。需要注意的是，如果题本身较短，可以采用手抄的方式，而如果题较长，为了节省时间，则可以将题直接剪贴到错题本上。

（3）标明正确答案与解题思路。

在错题集中，除了要将错题摘抄下来以外，还要将正确答案与解题思路附在题目下方。其中，解题思路需要重点标注。对于解题过程中涉及的知识点要仔细进行梳理，同时加入自己的分析和理解。

（4）留有一定的空白部分。

在每道错题下面，除了要写明正确答案和解题思路外，还要留有一定的空白部分。这一空白部分，是依据个人的学习习惯供自己发挥的地方。例如，可以在空白处写下自己对该错题的认识，还可以在学习解题思路之后进行"二次答题"，以检查自己是否真正掌握了这一知识点。

错题集正确使用才能更有用

建立错题集，是为了能够总结出自己在学习中存在的不足之处，并在之后进行针对性的训练和补充，以达到提高学习成绩的目的。因此，我们不仅要引导孩子建立错题集，也要引导孩子学会使用它。只有正确使用，错题集才能变得更有用。

（1）常翻看、常思考、常总结。

错题集建立起来后，如果将其束之高阁，那么错题集就无法发挥它应有的作用。只有常翻看、常思考、常总结，才能温故知新，真正掌握错题集中体现的知识点，并在后续的学习中避免出现同样的错误。

（2）同学互阅，借鉴防错。

由于每个人对知识的掌握程度不同，在做题中出现的错误也有所不同，错题集中展现的知识点也就不尽相同。经常和同学就错题

集进行相互交流，可以了解到不同的知识点，从他人的错误中总结经验，得到启发。

（3）每一学科建立一本错题集，并且在做当日的作业之前，将昨天的错题解决之后，再开始做当天的新作业。

（4）定期重做错题本中的试题。

通常，如果孩子只是将错题、正确答案和解题思路看一遍，可能当下觉得自己理解了、学会了，可是实际上却并没有真正掌握这些知识点，下次再遇到类似的问题时，仍然会出错。因此，为了巩固所学知识，就要定期重做错题本中的试题。在反复的练习过程中，错误会逐渐减少，以后遇到相同类型的试题就会有效避免。

恩格斯说："无论从哪方面学习，都不如从自己所犯错误的后果中学习来得快。"孩子的学习就是一个不断犯错和不断纠错的过程。如果孩子能利用好各科错题集，不仅有助于孩子养成自主学习的好习惯，还能最大限度地降低错误率，从而提高学习成绩。

培养独立意识，我的作业我做主

对于辅导孩子写作业这件事，家长无疑是操碎了心：担心孩子不抓紧时间写作业就一遍遍地催促；担心孩子不会写，就告诉孩子正确的答案；担心孩子写作业时间不充足，便为孩子做好时间规划……可是，这样的"包办式"辅导作业，非但没有提升孩子的作业质量和学习效果，还可能让家长和孩子都心力交瘁。

我们每个人都有惰性，对于孩子来说最难做到的就是独立写作业。实际上，独立做作业，也是自主学习的一部分。我们要让孩子学会自主学习，就要学会逐渐放手，让孩子独立完成作业。

给孩子独立空间，不要盯着孩子写作业

很多家长认为，陪孩子写作业，就要全程坐在孩子旁边，盯着孩子写作业。殊不知，这样严密地盯着孩子，不仅家长自己会感到疲劳，同时也会给孩子造成巨大的压力。

孩子在自主学习的过程中，需要有自己的独立空间，让自己静下心来独立思考。此时，如果家长一直在旁边盯着，无形之中会给孩子造成一定的困扰，导致他原本会做的题目，也会做得不顺畅。

让孩子独立做出选择，并承担后果

在孩子写作业这个问题上，很多家长表现得比孩子还紧张。家长生怕孩子无法按时完成作业，所以在孩子放学回家后便一味地催促。可是，这样的催促非但不能得到孩子的理解，反而会引起孩子的叛逆心理，导致亲子关系越来越紧张。父母要明白，作业是孩子自己的，尽量让孩子自主安排时间去完成。

例如，我们可以事先与孩子进行沟通，给其充分的自由。孩子可以自己决定做作业的时间，以及做作业时的方式、状态。同时父母要向孩子表明，由此带来的后果也需要他自己承担。如作业没有

按时完成，被老师责罚；写作业不认真，导致学习成绩下降。

给予适当指导，避免过度干涉

一些家长总是会盯着孩子写作业，一旦发现孩子有不会做的题，就急于告知答案。家长这样做看似帮助孩子解决了当下的问题，但从长期看，却容易让孩子养成过度依赖父母的坏习惯。以后孩子只要遇到不会的难题，便会马上向家长求助，跟家长说："这道题我不会做，你赶紧教教我。"长此以往，不利于孩子养成独立思考与学习的习惯。

为了避免出现上述问题，家长就要尽量避免过度干涉孩子的作业，而是给予适当指导。家长可以在孩子向自己求助时，指导他查阅资料，寻找答案，或是告诉孩子："你再想想。"不要急于告诉孩子答案，让孩子独立思考，给孩子充分的自主权。

帮助孩子建立独立做作业的信心

一些孩子，不能独立完成作业，很大一部分原因是他们不够自信，他们不相信自己可以独立完成作业。对于这样的情况，家长就要帮助孩子建立独立做作业的信心。

家长要经常鼓励孩子，告诉他："我相信你一定可以自己做好作业的。"并且，即使孩子做作业时遇到难题，家长也要用欣赏的眼光、鼓励的语言帮助孩子树立自信。只有这样，孩子才能逐渐变得自信，敢于独立完成作业。

引导孩子有计划地完成作业

由于孩子的统筹能力、控制能力等尚有不足，在做计划方面难免会出现一些纰漏。因此，家长就要引导孩子制订学习计划，有计划地完成作业。例如，我们要帮助孩子明确完成作业需要多长时间，各个学科作业又具体需要多长时间等。

我们可以为孩子提供支持，却无法替孩子学习。我们只有培养孩子的独立意识，让孩子独立完成作业，才能逐步锻炼他的自主学习能力。

杜绝懒散状态，自律才能摆脱杂、乱、忙

所谓自律，指一个人能够在没有人监督的情况下，通过自己要求自己，将被动变为主动，自觉地遵循一定的规则，并约束自己的一言一行。自律，是一种不可或缺的人格力量，自律的人生，更加淡定从容、积极向上。自律，是一个人成功的基石。

著名的斯坦福大学心理学家米切尔教授曾经做了一个考验儿童自制力的棉花糖实验：研究人员给一群幼儿园的孩子每人发了一颗糖，并且告诉这些孩子，如果谁能够忍住糖果的诱惑，等待 15 分钟，那么便可以得到第二颗糖作为奖励。面对手中糖果的诱惑，有的孩子经受住了诱惑，等待了 15 分钟，获得了第二颗糖；而有的孩子却没能经受住诱惑，15 分钟不到，便将手中的糖吃掉了。这些无法抵御诱惑的孩子，自然没能得到第二颗糖。

此后，研究人员又对这些孩子进行了多年的追踪和研究。研究结果表明，那些可以控制自己，能够等待 15 分钟的孩子，长大后所取得的成绩都明显高于那些无法抵御诱惑的孩子。

棉花糖实验充分证明了自控力的重要性，即自律的人更容易获

得成功。

而自主学习，对于孩子的自控力要求颇高。孩子如果不能控制自己，学习上三天打鱼两天晒网，学习只会变得杂、乱、忙。只有自律，严格按照既定的学习计划执行，孩子的自主学习才能变得有条不紊。

家长要想提升孩子的自控力，让孩子变得自律，就要从以下三个方面入手。

分解目标，逐步执行行动计划

一个过于长远、宏大的目标，难免让人心生畏惧。而一旦产生畏难心理，就很难执行计划，自律也就无从谈起。为了避免出现这样的问题，家长就需要指导孩子将一个大目标分解为一个个容易达成的小目标。每完成一个小目标，不仅离最终目标更进一步，还可以增强孩子的自信心，让其变得越来越主动。

以"完成寒假作业"这一目标为例，如果我们只是将这一目标告知孩子，由于寒假作业数量较多，且假期时间较长，孩子很容易在实现目标的过程中产生畏难情绪或者疲劳感，并被其他事物吸引，最终导致目标无法完成。

此时，我们就要指导孩子将"完成寒假作业"这一目标进行分解。如按照寒假的天数，将作业平均分配到每一天，孩子只需要完成每天规定的作业内容即可。如此，孩子可以相对轻松地完成每天的目标，既不会产生疲劳感，也不会有过大的负担，自律也就变得更加容易。

严格执行，杜绝借口

孩子在执行计划时，可能会因为其他事情的诱惑，分散他的注意力，让他想要放下手中的任务，转头做别的事情。如果在这样的情况下对孩子听之任之，无疑会让学习计划搁浅，孩子也就无法做到自律。因此，为了避免此类情况，我们就要让孩子严格执行既定计划，杜绝一切借口。

例如，孩子当天的作业任务还没有完成，却说今天想去动物园游玩，今天的作业想要推迟到明天做。家长就要及时制止孩子，可以对孩子说："我非常理解你想出去玩的心情，可是，如果放着作业任务不做，总是用各种理由来推迟的话，那么今天推明天，明天推后天，作业就会一直做不完，就算出去玩，也玩得不尽兴呀。不如先把作业做完，完成任务后，我们一起痛痛快快地玩一天。"相信孩子听了这样的话，也会表示理解和同意，就会积极地去写作业。

从坚持的事情中寻找乐趣

实践证明，人们往往对于感兴趣的事情更加容易坚持。因此，要想孩子能够自律，还要让他从学习中找到乐趣。

以英语作业为例，我们可以根据孩子的作业内容，在日常生活中，设置与作业知识点有关的内容，用英语与孩子进行交流。通过这样的方式，将原本课本中死板的知识真正运用到实际生活当中，让孩子感受到英语的魅力。相信孩子会因此爱上英语，自然在写英语作业时也会更加积极。

以上这三种方法，让孩子变得更加自律的同时，也能让他慢慢进入自主学习状态。

冯仑说："自律的人生才算得上真正的自由。"自律的人，即使面对复杂繁重的事物，也总能淡定从容，轻松应对。学习任务看似繁杂，实则有序可循。订立合理的学习计划后，只有足够自律才能保证计划顺利实施。

第六章

激发热情，让孩子爱上写作业

爱因斯坦曾说过："兴趣是最好的老师。"如果孩子做一件他喜欢做的事，就能极大地调动他大脑的积极性，使大脑处于探索新事物的状态。探索新事物的欲望随着时间的推移，慢慢就能形成一个惯性，就会使他愿意独立思考，进而愿意学习。父母只有激发孩子的学习热情，让孩子爱上写作业，才能从根源上解决陪写作业的难题。

从"要我学"到"我要学"

如何让一个孩子充满了"我要学"的热情，而不是陷入"要我学"的绝望？这是广大父母面临的巨大挑战。我们"威逼利诱"，使出浑身解数，短暂奏效后，最终还是功亏一篑。究竟有什么办法，能让孩子自觉主动地爱上学习呢？

培养兴趣，让孩子爱上学习

孔子曰："知之者不如好之者，好之者不如乐之者。"兴趣是最好的老师，当孩子对学习具有浓厚兴趣时，便可以极大程度地激发其主观能动性，同时，孩子也更容易获得成功。

李开复曾在《我的留学带给我的十大礼物》一文中说，其中一个礼物便是兴趣。

原来，李开复在大学时，最开始学习的是数学专业和法律专业，他认为自己是一个数学天才，并且觉得律师也是一种非常体面的职业。可是，经过一年的学习，李开复却渐渐感觉到自己对数学和法律并不感兴趣，他常常觉得数学枯燥，还会在法律课上睡觉。这样的情绪让他的学习变得越来越艰难，不仅学习成绩不理想，学习态度也变得消极，甚至产生了逃课的念头。

后来，李开复毅然选择放弃数学专业和法律专业，转而学习自己非常感兴趣的计算机专业。由于对学习的内容非常感兴趣，所以李开复学习起来非常积极主动，不仅上课的时候认真听讲，课下也经常自学相关知识。这也为其后来获得巨大成功奠定了基础。

从李开复的例子中我们不难看出，兴趣可以充分调动一个人的积极性和主动性。为了让孩子也能像李开复一样爱上学习，我们就要培养孩子对学习的兴趣。

为提升孩子对学习的兴趣，我们可以引导孩子将书本上的知识与实际生活结合起来，如和孩子一起做一些家庭小实验，并将所学知识运用到实验当中；在日常购物时，运用一些孩子在课堂上学习到的数学知识；外出旅游时，将语文课本上描写的优美词语与现实的美景呼应起来。通过这样的方法，让课本上死板的知识变得鲜活起来，这会极大激发孩子的学习兴趣。

提升内驱力，让孩子知晓学习的可贵

孩子对学习不积极、不主动，还有一个重要原因是他并不了解学习的重要性。孩子因为年纪尚小，还没有走入社会，所以不了解学习好坏会对自己今后的生活产生什么样的影响。在他的心里，只是把学习当成了一种无法逃避的任务，这样他自然不会积极主动地去学习，甚至会对学习产生反感。因此，我们就要让孩子了解学习的重要性，由此提升孩子的内驱力，让其变得积极主动。

（1）让孩子知道学习是自己的事。

很多孩子认为学习是在给父母学、给老师学。带着这样的情绪，自然无法主动学习。为此，家长要让孩子了解到，学习是他自己的事情，学习成绩的好坏，不会对家长和老师造成影响，而是会直接影响自己的前途和命运。

（2）让孩子了解真实的生活。

家长可以带领孩子参加社会实践活动，让其感受到生活的不容易。并且告诉他们学习成绩的好坏，会对他们今后的生活产生非常重要的影响。孩子要想今后过上自己想要的生活，现阶段就必须好好学习。

（3）让孩子树立明确的目标。

家长可以带孩子去他心仪的大学参观，让孩子在学校氛围中获得真实的体验，坚定他的目标。当孩子的目标变得坚定、明确时，他就会主动地学习。

适度比较，让孩子获得成长自信

当一件事情能给孩子带来自信时，他往往更愿意做这件事情。因此，我们需要让孩子在学习中不断地获得自信。而自信，很大程度上来自于比较。

（1）与自我比较。

通过让孩子与之前的自己进行比较。例如，孩子之前不会写的数学题，现在会写了；孩子之前不会背的课文，现在可以很熟练地背诵；孩子之前的成绩只有80分，而经过努力成绩达到了90分……这种进步可以有效提升孩子的自信心。

（2）与同伴比较。

人是群居、社会性的动物，其自信心的来源之一就是比较。例如，比同伴长得高一点儿、比同伴学习好一点儿、掌握一个新知识比同伴快一点儿、作业完成得比同伴快一点儿……这些"适当攀比"，可以让孩子获得一定的成长自信。

其实，不论做什么，外因只起辅助作用，内因才是产生动力的根本。家长和老师只能在外因层面给孩子提供帮助。而要想孩子真正有所发展，必定要调动孩子的内因，激发他的学习热情，让他从被动消极地"要我学"转变为积极主动地"我要学"。

寓教于乐，玩中有学

所谓寓教于乐，是指把教育和娱乐融为一体，让人在娱乐中受到教育。很多家长认为，要让孩子认真学习，就要杜绝一切娱乐。殊不知，玩乐是孩子的天性，过分压抑孩子的天性，迫使孩子接受枯燥的学习，只会引发孩子对学习的厌烦心理。心理学家布鲁纳曾说过："学习最好的刺激，乃是对所学材料的兴趣。"让孩子在"玩中学"，能充分调动他的主观能动性，进而让他爱上学习。

著名的物理学家、诺贝尔奖获得者理查德·费曼在量子动力学方面取得了巨大成就，被誉为"新的物理学之父"。而理查德·费曼之所以能取得如此成就，与他良好的家庭教育是分不开的。

理查德·费曼出生于一个犹太家庭，他的父亲崇尚寓教于乐的教育方法，他总是让理查德·费曼在生活、娱乐中了解、学习知识，让理查德·费曼从小便体会到了学习的快乐，理查德·费曼也由此爱上了学习。

理查德·费曼很小的时候，有一次，他的父亲带回来一堆小瓷片，瓷片有蓝色和白色两种颜色。父亲将这些小瓷片摆成多米诺骨牌的形式，并让他去推。只见理查德·费曼只是轻轻一推，这些原本排列整齐的小瓷片便一个接一个地倒下了。理查德·费曼见状，不禁兴奋地大呼神奇。

然后，父亲对他说："孩子，我希望你能按照两白一蓝的顺序，把这些小瓷片重新摆放，你可以吗？"他听了父亲的话，马上开始忙碌起来。很快，他就将小瓷片按照父亲的要求摆好了。看着两白一蓝间隔摆放的瓷片，父亲开始教他"序列"，这是学习数学的第一步，他对于形状和算数原理的初步认识也由此开始。

在父亲寓教于乐的教育方式下，理查德·费曼快乐地成长着，他也对物理表现出了浓厚的兴趣。

一次，父亲送给他一个小马车玩具，马车的车斗里有一个小圆球。他非常喜欢这个小马车，常常把它带在身边。父亲对他说："你试着拉动马车，看看车斗里的小圆球是怎么运动的。"只见他拉动马车时，小圆球就向后滚动，而当马车停下时，小圆球则向前滚动。

"哇，太神奇了，这是为什么呢？"他兴奋地问父亲。父亲适时地告诉了他相关的物理知识，说："这是因为运动的物质总是趋于保持运动，静止的物质总是趋于保持静止，这种趋势，就是惯性。"

在父亲寓教于乐教育方式的影响下，理查德·费曼感受到学习是一件非常有趣的事情，也更加愿意主动探索、求知，这也为他日后在物理学方面取得巨大成就奠定了基础。

寓教于乐，学习也可以轻松快乐

只是一味"填鸭式"地灌输教育，孩子难免会感到枯燥。而寓教于乐，则可以让学习变得轻松、有趣。

玩是孩子的天性，如果父母不能明白这一点，就会限制孩子的发展。玩与学是孩子的两种互补性活动，二者相辅相成。如果父母能将孩子的玩与学巧妙地结合起来，在游戏中激发孩子的学习兴趣，将会达到事半功倍的效果。

寓教于乐的三个关键点

家长想要践行寓教于乐的教育方法，就要掌握以下三个关键点。

（1）设置游戏，达成学习目的。

例如，在学习英语方面，很多孩子不喜欢死记硬背，觉得枯燥又难记。那么家长就可以根据孩子的学习任务，设置一些填字母游戏，让孩子在玩游戏的过程中熟悉、牢记英文单词。

（2）和孩子玩互动游戏。

家长可以和孩子一起玩一些游戏，在互动中让孩子学到知识。

例如，和孩子一起玩一些益智游戏。这样不仅能让孩子学到知识，还能拉近亲子关系。

（3）用生活中的事物教育孩子。

例如，家长可以让孩子观察生活中的人、事，以及大自然中的花草和各种现象，让孩子在亲身体会的同时，与书本上的知识联系起来。如此，书本上的知识也就不再死板，孩子也更加能够感受到学习的乐趣。

作为父母，我们要明白，没有任何兴趣，仅靠强迫维持学习，必然会扼杀孩子的学习热情，并且这种学习是短暂的、痛苦的。我们要遵循孩子的内心世界，从他的兴趣出发，寓教于乐，这样才能让孩子成为最好的自己。

走心鼓励，你的认可很重要

一位著名的教育家曾说过："孩子们需要鼓励，就像植物需要水。"在孩子的学习或生活中，一句鼓励的话，会让他信心倍增，取得更大的进步。父母走心的鼓励与认可，在给孩子传递积极信号的同时，也能助力孩子的健康快乐成长。古往今来，那些取得突出成就的人，无一不是在鼓励与认可中成长起来的。

我们来看一则案例：

伟大的发明家爱迪生，便是在母亲的鼓励中不断成长的。与我们印象中的"大发明家"的形象不同，爱迪生从小便是一个"问题专家"，他总是问一些稀奇古怪的问题，这让老师和同学们都觉得他有些古怪。甚至在他仅仅入学三个月后，便被学校认定为"最让人头疼的学生"，最终被学校退学。

一天，小爱迪生拿着一张纸条回家并将纸条交给了母亲，他告诉母亲："老师说，这张纸条只能由家长看。"母亲打开纸条，才发现这是学校给爱迪生家长的退学信，信上面写着：你的孩子存在智力上的缺陷，我们不能让他继续留在学校就读，他被退学了。

爱迪生的母亲看到这封信，尽管内心非常难过，但她依然相信爱迪生爱提问题，并不是像别人说的那样存在智力缺陷，而是因为他对科学充满了热情和好奇心。

最终，母亲没有将信中的内容如实地告诉爱迪生，而是告诉爱迪生信中写着：你的孩子是个天才，这个学校对他来说太小了，没有一个老师可以教导他。母亲还鼓励爱迪生说："看吧，因为你太聪明了，没有一个老师有教你的能力。从此以后，由我来教你知识，我相信，你总有一天可以取得一番成就。"爱迪生听了母亲的话，倍受鼓舞。

从那以后，母亲便在家里开设了"家庭课堂"，根据不同的地点和情景，结合爱迪生的兴趣，对爱迪生进行有针对性的教育和指导，引导爱迪生动手动脑，探索问题，并阅读了大量的书籍。

在母亲的教导下，爱迪生获得了大量的知识。后来，经过多年的成长和磨砺，爱迪生终于发明出了白炽灯，为全世界带去了光明。直到母亲去世后，爱迪生偶然在衣柜中发现了当年学校的信，才知晓其中的原委。爱迪生泪流满面，内心充满了对母亲教导和鼓励的感谢。

可以说，爱迪生之所以能够取得如此成就，与母亲的走心鼓励是分不开的。通过爱迪生的例子我们可以看出，家长的鼓励，对于孩子的成长起着至关重要的作用。

家长鼓励孩子可以采用的方法

（1）具体描述式鼓励。

如果我们在鼓励孩子时，只是一味地说"你真好，你真棒"，孩子就会觉得这种鼓励过于敷衍，所以并不能真正地激励孩子。因此家长可以采用具体描述式鼓励，即把孩子值得鼓励的地方具体描述出来。

以孩子写作业为例，我们可以鼓励孩子说："我觉得你这次的语文作业写得非常棒，不仅速度快，而且非常正确，特别是成语方面，全部答对了。相信你以后一定都能这么棒。"

当孩子听到这样具体的鼓励时，就会觉得家长是真真正正地看到了自己的进步，并且真心鼓励自己，激励的效果自然更加明显。

（2）求助式鼓励。

我们要想鼓励孩子，还可以采用求助式鼓励，适当地向孩子示弱，让孩子帮助自己，由此满足孩子的自信心，达到鼓励孩子的目的。

例如，我们可以就某一件事向孩子求助说："你在这方面做得很好，我不太明白，你能教教我吗？"

（3）感谢式鼓励。

当孩子做的某一件事对自己产生了帮助，我们要及时向孩子表达感谢，并在感谢的过程中鼓励孩子。

例如，孩子单独从超市买了生活所需的物品，我们便可以对孩子说："你表现得真棒，相信你以后会做得更好。"

（4）赋权式鼓励。

赋权式鼓励，指赋予孩子一定的自主权。

例如，当孩子遇到一件困难的事情止步不前时，我们可以对孩子说："我相信你的能力，你就按照你的想法去做，我相信你一定会成功的。"

孩子就像一棵成长中的小树苗，他们在成长的过程中不断地自我塑形。在这一过程中，如果他们的耳边充斥着批评，那么孩子必然会生活在晦暗之中。而父母走心的鼓励则能给孩子继续前行的信心和勇气，让他能够更加坦然地面对学习和生活中的各种困难，人生之路也才能走得更加顺畅。

树立榜样，明确前进方向

俗话说："以铜为鉴，可以正衣冠；以史为鉴，可以知兴替，以人为鉴，可以明得失。" 榜样就像是激人奋进的号角，时刻给人以激励。因而我们要激发起孩子的斗志，就要给孩子树立一个榜样，让孩子明得失，找差距，进而取得进步。

我们来看一则案例：

美国职业篮球联赛（NBA）球星凯文·杜兰特，正是因为有了NBA球星麦迪这个榜样，才能在榜样的影响下不断进步，并最终成长为了一名与麦迪同样出色的球星。

众所周知，NBA有规定：球员在参加选秀时，需要根据自身特点，选择一个"模板"，这个模板，就是自己的标杆和榜样，是自己奋斗的目标。凯文·杜兰特在选择模板时，便选择了麦迪。

当时，麦迪已经拥有了非常出色的战绩，并且是名人堂的成员，想与麦迪比肩，甚至超越他，无疑是一件非常困难的事情。可是，也正是因为有了麦迪这个出色的榜样，才使得凯文·杜兰特能够不断奋进，最终超越了麦迪。

凯文·杜兰特在自己的职业生涯中，共取得了两届NBA总冠军、两届NBA总决赛最优秀选手以及一届NBA常规赛最优秀选手的傲人成绩，最终成为了一名耀眼的NBA球星。

在凯文·杜兰特的职业生涯中，标杆与榜样发挥了重要作用，可以说，正是有了麦迪这个标杆与榜样，才让凯文·杜兰特的前进方向更加清晰与明确。

偶像

榜样的力量：让感染力更具体

对于未成年的孩子来说，一味地对其讲述抽象的道理，孩子难免会不理解，甚至会产生假、大、空的想法。而如果能够给孩子树立一个榜样，就可以通过榜样对孩子起到示范作用，说服力会更强，感染力也会更具体。总体来说，榜样主要具有以下两个重要作用：

（1）将抽象认识形象化。

在榜样的身上，可以将一些抽象的道德认识和美好品质具体化、形象化，孩子可以在榜样身上直观地感受到激励和鼓舞，并将自己与榜样进行对照，主动向榜样看齐，并改正自己的不足。

（2）帮助孩子找到前进的方向。

一定程度上，孩子想要成为某个人，才会将其作为自己的榜样。有了榜样，孩子就有了前进的具体方向。

在辅导孩子写作业时，我们不妨与孩子就榜样的问题进行探讨，让孩子找到一个可以效仿的榜样。当孩子有了明确的目标后，自然会迸发出强烈的学习热情。

树立榜样，要选对人

榜样的力量是无穷的。而要为孩子树立榜样，就要选对人，即选择合适的人作为榜样。在为孩子选择榜样时，可以从以下两个方面入手：

（1）选择身边优秀的人。

相比于书本、口传中的人物，生活在身边的人无疑更加生动、具体，对于孩子的示范和指导也就更加实际。因此，可以让孩子选择身边优秀的人作为榜样。

（2）选择在某一领域取得一定成就的人。

榜样，一定是在某一方面有突出表现的人，只有这样的人，才能让孩子学习、借鉴。家长可以根据孩子的实际情况，选择在相关领域取得突出成绩的人。

例如，孩子喜欢画画，可以在绘画领域寻找成就突出的人；孩子想要在音乐方面有所建树，则可以在音乐领域寻找有所建树的人。

榜样是孩子效仿的楷模，是心中的坐标，也是前进路上的灯塔。榜样的力量是无穷的，他能够让孩子时刻看到自己奋斗的目标和参照物，并不断为之奋斗。但是，我们需要注意的是，世界上有各种各样出色的人，孩子可以将优秀的人作为自己的榜样与目标，不断朝着榜样的方向努力。但切记不要让孩子机械地效仿他们，只有结合自身的特点去学习榜样，不断进步，才能让孩子真正成为自己，成为一个优秀的人。

适当奖励，马不扬鞭自奋蹄

奖励，是对一个行为的回报。它是一种有效的激励手段，可以激发孩子的荣誉感和进取心，最大限度地挖掘孩子的潜能。对孩子恰当的行为给予一定的奖励，可以有效地帮助孩子维持这一行为，有助于培养他的自尊和自信，并能提升亲子关系。

我们来看一则案例：

天天是一个五年级的小学生，平时对学习总是不上心；上课的时候不专心听老师讲课；放学回家，也不主动写作业，每次都要父母催促着才能勉强完成，这也导致天天的学习成绩一直不理想。眼看要到期中考试了，为此，天天的父母非常着急。

一次偶然的机会，天天的父母从书中学习到，一味地催促孩子，不如适当地给孩子一些奖励。天天的父母便决定试一试这个方法。他们知道天天一直都非常想去迪士尼，便对天天说："天天，如果你期中考试的成绩能够提高20分，我们就可以一起去迪士尼玩一天，好吗？"天天听了父母的话，非常高兴地说："我一定会做到的！"

此后，天天果然像变成了另一个人似的，不仅课堂上认真听讲，回到家也会第一时间写作业，还会主动做一些课外练习题。期中考试成绩下来后，天天果然每一门功课的成绩都提高了 20 分以上。天天看着自己的成绩，既高兴又自豪。天天的父母也非常高兴，他们信守诺言，实现了答应天天的奖励，一家人去迪士尼度过了快乐而又美好的一天。

从天天的案例中，我们可以看出奖励的重要作用。适当地给孩子一些奖励，可以激发孩子的学习热情，不用父母催促，他们也能自觉主动地学习。

奖励，是孩子前进的"催化剂"

奖励，能够激励孩子自觉主动地学习，可以说，适当的奖励对孩子的成长很有助益。

（1）让孩子充分认识到自己的能力。

孩子的潜能是无限的。可是，很多时候由于各种各样的原因，孩子并没有认识到自己潜在的能力。而如果我们能给孩子一些奖励，孩子便可以在奖励的"诱惑"下，为获得奖励而努力达成要求。这个过程中，便可以激发孩子的潜能，让他充分认识到自己的能力。

（2）提升孩子的自信心。

当孩子依靠自己的能力获得奖励后，孩子可以因此受到极大的鼓舞，从而使自信心得到提升。

（3）有利于构建更加融洽的亲子关系。

家长在辅导孩子做作业的过程中，由于作业繁多，孩子难免在家长的催促声中产生负面情绪，也使得亲子关系变得愈发紧张。而如果家长能够将催促、责骂变成奖励，不仅可以达到激发孩子学习热情的目的，还可以使亲子关系变得越来越融洽。

精神奖励 + 物质奖励并重

一般来说，奖励分为两种，即精神奖励和物质奖励。

精神奖励，又称为荣誉奖励，指以授予名誉、表扬等方式对孩子的成绩给予肯定和鼓励的奖励措施。精神奖励主要包括口头表扬和口头嘉奖两种。

物质奖励，指以物质利益对孩子的表现进行肯定、鼓励和表扬的奖励措施。

家长在给予孩子奖励时，要注意精神奖励与物质奖励并重，使奖励的效果达到最佳。

让孩子参与到奖励计划中

对于奖励孩子这件事，我们要时刻牢记，奖励具有针对性，才能起到应有的激励作用。但是，实际生活中，我们与孩子的想法往往并不完全相同。如果孩子想要香蕉，家长却给了苹果，这种奖励无疑是没有意义的。因此，我们不妨让孩子参与到奖励计划中，与孩子一起制订奖励计划。

我们在制订奖励计划时，可以问问孩子："你最想要的东西是什么？如果能够通过奖励，让你放学回家立刻写作业，你希望这个奖励是什么？"当孩子说出自己的期望后，我们可以在合理、实际的基础上，尽可能地满足孩子。通过这样的方式制订出的奖励计划，无疑会比我们单方面制订的计划要有效得多。

奖励，可以激发孩子的学习热情，可以促使孩子朝着正确的目标和方向努力前进。但我们要注意对孩子的奖励一定要适当，不要过度，避免出现"德西效应"。

点燃六个"动力引擎"

一个人不论做任何事情，都有一定的动机，即做这件事情是为了什么。动机是一种内部心理过程，具有激活、指向、维持和调整的功能。动机，是激发能动性的重要因素，它具有发动和推动行为的作用。因此，要想激发孩子的学习热情，推动孩子积极主动地学习，我们就要点燃孩子的六个"动力引擎"。

报酬志向引擎

所谓报酬引擎，指将学习作为获得报酬的手段，即让孩子通过学习得到一定的收获。这里的收获，有多种定义，并不单纯指利益报酬，而是包括孩子所有的意愿。

例如，有些家长经常因为孩子学习不认真而责骂孩子，而孩子为了能够不挨骂，便主动认真地学习，这种"不挨骂"对孩子来说，就是报酬；再如，孩子为了获得家长的夸赞而努力学习，"夸赞"便是孩子获得的报酬……

我们要想激发孩子的学习热情，就要观察孩子的具体需求，并将其需求作为报酬，以此来调动孩子学习的积极性。

自尊志向引擎

每个人都有自尊和胜负欲，期望自己能够在与他人的竞争中脱颖而出。对于孩子来说，当孩子对自己的学习成绩有一定要求，尤其是在与身边的同学对比时，孩子便特别容易受到自尊心和胜负欲的驱使而努力学习，这就是孩子的自尊引擎。

要想点燃孩子的自尊引擎，我们就要给孩子营造一个充满竞争的环境。在学校时，可以给孩子找一个旗鼓相当的同学作为竞争对手，激发孩子的好胜心；而在家庭中，我们同样可以利用家庭成员之间的对比，为孩子营造一个竞争环境。例如，父母与孩子一起订立目标，爸爸戒酒，妈妈减肥，孩子坚持按时完成作业，看谁坚持的时间长。通过这样的对比，利用孩子的自尊心，激发起他的学习热情。

关系志向引擎

所谓关系引擎，指孩子被周围其他人影响、带动。俗话说："近朱者赤，近墨者黑。"每个人都会受到周围人的影响，孩子也是一样。通常来说，如果孩子处在一个学习氛围浓厚的环境中，他也会产生较高的学习热情；而如果孩子周围的人都对学习不屑一顾，久而久之，孩子对学习的热情也会降低。因此，我们要点燃孩子的关系引擎，就要给孩子营造一个学习氛围浓厚的环境，给其提供正向的影响。

例如，孩子放学回家后，让孩子看到爸爸妈妈也在学习，如妈妈在学习烹饪，爸爸在准备考职业资格证书，孩子在这种氛围的影响下，一定会自觉地打开书包做作业。

实用志向引擎

所谓实用志向，指通过学习能够在现在或将来获得的实际好处。很多孩子将学习看成了一项不得不做的"工作"，尚不清楚学习对于其人生可能产生的重要影响。因此，家长就要让孩子认识到学习能够给实际生活带来的好处。

例如，学好英语，便可以和外国人自如地交流，不仅可以了解不同国家的文化，还可以交到不同国家的朋友，开阔自己的眼界；学好地理，可以对名山大川有更加具体、深刻的认识，旅游时可以更加深入地了解所去景点；学好数学，可以正确计算购物的具体价格……当孩子真正认识到学习有用后，其学习热情就会更加高涨。

训练志向引擎

所谓训练志向，指为了提高自己的成绩而去进行一定的练习。上面提到的自尊志向，侧重于与他人做对比，而训练志向则更侧重于和自己做对比，即孩子在自己原有的基础上取得一定的进步。

例如，孩子在写作业的过程中，遇到一道自己不会做的题，会感到非常沮丧。而如果能够点燃孩子的训练志向引擎，让孩子通过自己的努力，学会这道题的解题方法他便可以感受到由于自身的进步而带来的喜悦，并由此变得更加积极，从而进入一个良性循环。

为了点燃孩子的训练志向引擎，我们要注意以下三个关键点：

①引导孩子关注自身成长。

②用长期的视角观察孩子的学习变化，指导孩子进行自我评价。

③引导孩子用积极的心态面对失败。

充实志向引擎

所谓充实志向，指通过学习，让人感到充实和愉快的体验。要想点燃孩子的充实志向引擎，就要让孩子感受到学习的乐趣。

例如，可以带孩子参加一些社会实践活动，在活动中运用知识；或者，让孩子参加一些知识拓展活动，加深孩子对所学知识的了解，在形成整体认知的基础上，孩子更加容易感受到学习的乐趣。

懒惰，是人性中的一个致命弱点，也是孩子学习中的"拦路虎"。唯有内在动机，可以在他的心中吹响奋进的号角，激发他的学习热情。点燃孩子的六大"动力引擎"，便可以让孩子在学习的过程中一路畅通，并不断超越自我。

第七章

队友合作，父母老师缺一不可

苏联教育家苏霍姆林斯基说："教育的效果取决于学校和家庭教育影响的一致性。如果没有这种一致性，那么学校的教学和教育过程就像纸做的房子一样倒塌下来。"我们都知道家校配合的重要性，但要想家校真正地形成合力，共同促进孩子的健康成长，并不单纯是简单的沟通，还需要掌握一些方法与技巧。

父母和谐，孩子心安

列夫·托尔斯泰在《安娜·卡列尼娜》中写道："幸福的家庭都是相似的，不幸的家庭各有各的不幸。"的确，每个幸福美满的家庭都是努力经营的结果。在一个家庭里，父母双方相互理解与包容，才能为孩子营造一种和谐的家庭氛围。只有相爱的父母、和谐的家庭，才能养育好下一代。

孩子在成长过程中会产生很多的烦恼和问题，而其中很大一部分都是由父母造成的。例如，如果父母脾气暴躁，经常争吵，长期关系不和，无疑会对孩子造成巨大的伤害。

我们常说"家是心灵的港湾"，如果在家中都不得安宁，如何能让孩子安心地成长和学习？长大了如何能成就一番事业？

相反，如果孩子在温暖的家庭里长大，父母关系和谐、相互信任、恩爱幸福，孩子就会拥有良好的自控力和情绪管理能力，且更加容易养成积极阳光的性格。而这些，都是孩子成功成才的重要条件。

家庭和谐，孩子健康阳光

父母是孩子的第一任老师，父母的行为会成为孩子模仿和学习的对象。家庭氛围对孩子各方面的养成都有很大影响。这些影响包括以下三个方面：

（1）心理健康。

一对脾气暴躁的父母也会养出同样暴躁的孩子。在日常生活中，家长难免会将自己在工作、交际中的情绪带回家里。可是，家长却要知道，孩子虽然年纪较小，但是对于情绪的感知其实是非常敏感的。如果家长的情绪善变消极，这种不良情绪很容易就会传递给孩子。同时，如果面对经常争吵的父母，孩子也会很容易感到恐惧和焦虑，进而导致情绪崩溃，给孩子的心理健康带来不利影响。而在和谐的家庭氛围中长大的孩子，对情绪的认知、管理和表达能力都会更加强大，心理也会更加积极、阳光。

（2）行为习惯。

父母在生活中各个方面的不和谐、不统一，尤其在对孩子的态度和教育方式上的不一致，经常会令孩子感到无助、不知所措。为了避免出现类似的问题，父母就要保持统一战线，在面对孩子的教育问题时尽量保持一致。

（3）社交情商。

一个和睦幸福的家庭环境，更容易让孩子产生安全感和归属感，从而让孩子敢于并擅于表达自己的想法，孩子的性格也会更加乐观、开朗。我们都知道"敢于表达自己"是社会交往的基础，家中父母和孩子的沟通交流则是锻炼孩子沟通技巧的有效途径。可以说，和谐的父母、平等的家庭氛围，是锻炼孩子社交能力的一片沃土。

营造和谐的家庭环境，家长需要这样做

（1）做有爱的父母。

父母对彼此的爱是组建幸福家庭的基础。表达爱的方式是多种多样的，一个眼神、一个拥抱、一句温暖的话、一束带着露水的鲜花、夕阳下携手买菜的步伐……这些都是家庭生活中简单的小幸福。孩子会感受到这些爱，并回馈这样的爱，也会学习去爱别人，这样就形成了正向循环。

例如，每次孩子写完作业后，爸爸妈妈能够给孩子一个拥抱，表达对孩子的鼓励和爱，孩子在这样温暖的家庭环境中成长，内心必然会充满自信。

（2）避免在孩子面前争吵。

有研究人员曾做过一项调查，他们对某市的 3000 名儿童提出了

同样的问题：你最怕爸爸妈妈什么？结果发现答案最多的是怕爸爸妈妈吵架。

其实，夫妻之间相处难免会产生这样那样的摩擦和矛盾。可是，吵架并不能从根本上解决问题，有的时候只会使"家庭战争"升级，并让孩子夹在中间恐惧不安。因此，我们应该尽量避免争吵给孩子带来的伤害。

（3）多给孩子一些陪伴。

家长应该多花时间陪伴孩子，可以和孩子一起阅读、一起去博物馆、一起运动、一起逛公园等。并且，遇到事情我们要主动听取孩子的意见，和孩子平等协商，培养积极健康的家庭生活情趣，营造温馨和谐的家庭氛围。同时，为了让孩子能够更好地学习，在家庭生活中，家长要以身作则，热爱学习、崇尚知识，可以和孩子一起研究，一起讨论，营造浓厚的家庭学习氛围。

不和谐的父母、紧张的家庭关系，会给孩子带来不良影响，比如容易导致孩子脾气暴躁、紧张焦虑，缺乏安全感和同理心等，容易造成性格缺陷，导致孩子的身心畸形成长。只有和谐的父母、和睦的家庭关系，才能让孩子更加健康快乐地成长。当孩子成年后即便遇到挫折，也能从温暖的童年中汲取力量。幸运的人一生都在被童年治愈，不幸的人一生都在治愈童年，大抵便是如此。

承担责任，为辅导作业留出时间

现代生活、工作节奏不断加快，很多家庭里父母白天要面对自己繁重的工作，下班回到家，还要做饭、洗衣、做家务等。在每天不停的忙碌中，他们陪伴孩子的时间寥寥无几，更谈不上抽出一定的时间辅导孩子写作业了，时间都分给了工作、家务和个人消遣。父母没时间陪伴孩子会有各种理由与借口，但我们也要明白，只有多陪伴孩子，使孩子内心的情感得以满足，他才会更主动地去探索世界。

有这样一则新闻：

有一位硬核爸爸，是西藏圣山登山探险服务公司的工作人员，在海拔5200米的珠穆朗玛峰北坡登山大本营帐篷里，他通过手机视频，辅导在拉萨读书的儿子做语文作业。这位家长曾说过，只要有信号，他就坚持每天视频辅导儿子作业。

从这则新闻中，我们可以看出，或许对于辅导孩子作业，家长需要的不仅仅是时间和空间，更需要那份教育子女的责任心和付诸行动的智慧与方法。

如何平衡工作、家庭和孩子的教育，做好辅导孩子学习的时间管理？总体来说，家长需要做好以下几个方面的内容：

（1）作业顺序整理好，事半功倍效率高。

现在孩子的作业真是花样百出，数量繁多，有课后题、有试卷、有朗读、有背诵，甚至还会有手工、科学实验等。要想高效地陪孩子完成作业，我们就要学会整理写作业的顺序，正所谓磨刀不误砍柴工。在正式写作业之前，我们可以把当天的作业任务按照科目一项一项地整理出来，分清轻重缓急，这样既不会遗漏，也不会忙乱无章，对于孩子养成良好学习习惯也是很有帮助的。

（2）他写作业我干活，互相监督共同进步。

有的家长一边玩手机一边盯着孩子写作业，这完全是无用功，看似起到了监督的作用，其实更容易让孩子分心。还有的家长，不是监督而是"监工"，见不得孩子出一点儿小错，孩子一错就吼，一吼孩子就害怕，一害怕就更容易出错，如此形成恶性循环，会让孩子厌恶写作业甚至厌恶学习。

所以，在孩子写作业的时候，家长可以陪伴在旁边做自己未完成的工作或者阅读，两个人都有各自的任务和学习目标，营造共同努力的氛围，能够潜移默化地调动孩子自主学习的积极性。

（3）充分利用周末时间。

如果家长的工作特别忙，没办法做到每天辅导孩子写作业，可以让孩子把平时遇到的问题记录下来，等到周末或者时间相对宽松时再进行总结和处理。当家长出差不在孩子身边时，也可以通过视频进行沟通，远程给予孩子一些建议和指导。但是这个方法不建议经常使用，避免由于孩子的问题得不到及时解决，导致堆积得越来越多。

（4）劳逸结合，做好时间规划。

作业任务那么多，孩子很容易感到烦躁和疲惫。如果我们逼着孩子一口气把所有作业写完，很容易导致他的逆反心理，让孩子对学习失去兴趣，也不利于亲子间的沟通交流。

家长可以跟孩子协商制订一个计划表，比如做完一张试卷就休息一下，或者写 40 分钟作业能玩 10 分钟；还可以规定，如果 10 道题全部做正确了，第二天可以多加 10 分钟休息时间。这样劳逸结合，孩子更容易接受，写作业的速度和完成质量也能在不断的练习中得到提高。

还有一点需要注意的是，辅导孩子作业不等于全程包办，家长要鼓励孩子养成自主学习的好习惯，即使不用催促和监督，也能保质保量地完成作业。

家庭教育与学校教育同样重要，如果父母总是忙于工作，对孩子学业不管不顾，最终将会错过孩子的最佳教育时机。十年树木，百年树人，孩子就像一棵小树苗，需要我们平时一点一滴地浇灌，才能长大成材。希望所有的父母，都不会缺席孩子的每一个成长时刻。

不打扰，给孩子安静的学习空间

陪孩子写作业，重点在于陪伴。可是很多父母却并没有掌握好陪伴的力度。孩子写作业时，周围环境要尽量保持安静，这样孩子才能专心致志地投入到学习中。有些家长一会儿给孩子端杯水过去，一会儿拿个水果给孩子送过去。还有的家长，眼睛紧紧盯着孩子，稍有出错就大发雷霆。这些陪伴看似是好心，实则变成了打扰，打破了孩子的学习空间和学习氛围，致使孩子的学习效果不尽如人意。

我们来看一则案例：

李先生的孩子正在读小学三年级，最近他因为陪孩子写作业而备感头疼。他常常跟同事抱怨说："现在我只要一监督孩子写作业就冒火！他一会儿说眼睛累了要休息5分钟，一会儿又玩橡皮，一会儿又要上厕所，想让他安静地把作业写完是不可能的。"

　　面对李先生的困惑，同事直接明了地说出了他存在的问题："小李，我觉得你在陪孩子写作业时也存在很大的问题，比如我上次去你家的时候，孩子在屋里写作业，你一会儿问孩子要不要吃水果；一会儿唠叨快喝水，水要凉了；一会儿又催促怎么还在看这一页，都看了多久了。实际上，你这样做很容易影响孩子的专注力。"

　　同事的话让李先生恍然大悟。原来，自己一直在打扰孩子写作业，破坏了孩子安静的学习空间。

实际上，李先生的这种陪伴十分常见，很多家长在陪孩子写作业的过程中，都出现过类似的问题。家长总是打扰孩子写作业，无疑会影响孩子的专注力，从而导致学习效率下降。

著名心理学家丹尼尔·戈尔曼曾说过："专注力比智商更能影响一个人的最终成就。"联合国教科文组织也曾指出："儿童的注意力水平差异，是导致学习效果差异的主要原因。"

专注力对孩子的成长至关重要，它是所有认知能力的基础，是大脑进行感知、记忆、思维等活动的基本条件。同样的45分钟一节课，专注力好的孩子能够很快进入学习的状态，精神集中，记忆力更好，学习效率也更高；专注力差的孩子则容易被外界干扰，等到开完小差后，可能就跟不上课程的节奏了。长此以往，孩子便容易滋生厌学情绪，甚至可能会影响他的性格发展和社交情商。

孩子专注力的提高离不开后天的培养和锻炼，更需要家长的"保护"。很多时候，来自父母的"打扰"，会无形中破坏学习氛围、消减了孩子的专注力。

为了避免这样的问题，家长就需要学会给孩子营造一个安静的学习空间。

（1）不打扰，是最好的温柔。

教育家蒙台梭利有句名言："除非你被孩子邀请，否则永远不要去打扰孩子。"当孩子投入到做某件事情时，请家长不要去打扰，耐心等孩子做完。

像李先生那样时不时地跑来问吃不吃水果、喝不喝水等就是非常典型的打扰行为，孩子很难让自己集中注意力。所以，当孩子安静的时候，家长应尽量给孩子空间和自由。

（2）给孩子提供安静舒适的外部环境。

除了不打扰，家长还要给孩子一个安静舒适的外部环境。

有的父母在孩子写作业时看电视、玩手机，声音放得很大，孩子很容易被这些外界因素干扰，会很容易分心。父母要尽量给孩子提供一个安静的适合学习的空间，周围尽量不要有电视、手机、玩具等干扰因素。

（3）尊重孩子独立的空间。

爱默生说："天才的最大特质，就是能长久地集中注意于某一件事。"如果孩子全神贯注做某件事情时，请给他足够的尊重和独立的空间，让他自己决定做什么。当孩子完成了某件事并向你展示他的成果时，请多给孩子正面鼓励，而不是做孩子的"指挥官"和"裁判员"。

父母最好的陪伴应该是：我在你身边，但我不会打扰你。不打扰，给孩子安静的学习空间；不打扰，让孩子独立探索；不打扰，做孩子的观察者、协助者、鼓励者。

求同存异，教育观念要统一

教育孩子时，父母双方很容易发生分歧：其中一方正在教育孩

152

子时，另一方有可能会因为不认同、不赞许对方的教育理念、教育方式，或者是教育态度，因而当着孩子的面与另一方发生分歧或争执。这是家庭教育中极为避讳的一点。这种分歧，尽量事先协商沟通，达成一致意见。即使不能统一，也要求同存异，尽量不要在孩子面前发生冲突，以免让孩子处于不知所措境地。

我们先来看以下两个故事：

故事一：

笑笑放学回家，妈妈马上催促她去写作业，笑笑不太高兴，想要先看会儿电视。妈妈又说了几句，表情很是严肃，笑笑的爸爸这时候走过来劝妈妈："孩子上了一天课，让她先歇歇吧。"

妈妈一下子就发火了，说："一天天就知道看电视，你们爷俩都不让我省心！"笑笑被吓一跳，偷偷看了眼生气的妈妈，默默转身回了房间。

故事二：

乐乐的爸爸是个严父，信奉"棍棒底下出孝子"，所以一直对乐乐管得非常紧。而乐乐的妈妈却是一个十足的慈母，觉得孩子淘气一点儿没什么。

每次乐乐犯了错，爸爸总是疾言厉色，妈妈就赶紧护着，三言两语就大事化小、小事化了了。最后，乐乐并不明白自己做错了什么，更谈不上反思和悔改了。

教育观念不统一，让孩子无所适从

夫妻双方由于成长经历、知识水平、原生家庭状况不同等诸多因素的影响，在教育孩子方面难免会产生分歧，这是一件再正常不过的事情。但是如果我们对这种分歧，放任不管，无法统一教育观念，伤害最大的只会是孩子。

（1）不利于孩子的心理健康。

教育孩子，不怕双方理念不同，就怕彼此为了争个对错当着孩子的面吵得不可开交。当父母产生冲突的时候，孩子不知道应该听谁的，只会滋生惶恐、焦虑、悲伤等负面情绪。长此以往，可能会给孩子留下心理阴影，形成讨好型人格，变得卑微、胆怯。

（2）不利于孩子的认知发展。

当家长教育观念不统一的时候，很容易让孩子感到困惑、迷茫，他不知道自己做得对不对，也不知道该听谁的。长此以往，孩子做事就会缺乏明确的判断标准，也会阻碍其认知发展，最终导致孩子无法明辨是非，甚至会优柔寡断、缺乏主见、畏首畏尾。

（3）不利于家长树立威信。

妈妈禁止的事情，爸爸睁一只眼闭一只眼；爸爸同意的事情，妈妈强烈反对；爸爸严厉的惩罚过后，妈妈悄悄补偿……家里一个唱红脸一个唱白脸，父母之间教育观念不统一、对孩子的要求不一致，很容易让孩子产生怀疑：你们到底谁是对的？你们自己都定不下来凭什么管我？父母的威信在孩子心中不断降低，慢慢地，孩子谁的话也不听了。

求同存异，统一教育观念

（1）求同存异。

家长在教育孩子的大方向上一定要保持一致，比如是否要监督孩子写作业？我们都希望培养孩子哪些特长？孩子能不能早恋？哪些原则性的错误是一定要惩罚孩子的？至于具体细节，家长可以继续协调，即使不能统一，也要避免明显的矛盾，求同存异，达成"君子协定"。

（2）避免当着孩子的面争吵。

父母要避免当着孩子的面直接争吵，孩子在场时要尽量避免直接冲突，不要急着否定、指责对方。我们可以先让孩子回避一下，告诉他："宝贝，爸爸妈妈要商量一下，你先去看会儿书吧。"给彼此留出空间冷静商量，避免当着孩子的面争吵，给孩子留下心理阴影。

（3）尊重孩子的意见。

孩子是家长教育分歧的当事人，父母千万不能搞"一言堂"，觉得孩子还小什么都不懂。很多时候，我们也要尊重孩子的意见。遇见分歧时，家长可以和孩子商量，听听他的想法，有时候反而能起到令人惊艳的效果，这样做也能让亲子关系更加融洽。

（4）学习教育相关知识。

教育子女是一门很大的学问，想做合格的父母并不容易。家长平时可以多看多学一些关于育儿的书籍，不仅能育儿，也能育己。用知识武装头脑，可以减少教育焦虑，让父母拥有一把衡量对错的尺子，不至于在某些教育问题上纠缠不清。

（5）充分沟通，适当让步。

很多矛盾分歧都是由于缺乏沟通导致的。当教育出现分歧时，恰恰是我们沟通的好时机。家长只要明白，我们都有一个共同的目标，那就是希望孩子好。只要不是原则性的问题，在充分沟通的基础上可以适当让步，给孩子传递一个相对连贯一致的教育理念。

世界上最伟大的力量是爱，父母是那样爱着自己的孩子，孩子的幸福成长就是家长的共同目标。所以，让我们求同存异，向着同一个方向眺望，奔着同一个目标迈进，给孩子更圆满成功的未来！

勤沟通，向老师了解"第一手信息"

苏联著名教育家苏霍姆林斯基曾说过："教育的效果取决于学校和家庭的教育影响的一致性。"要想教育好一个孩子，不能单靠家长或老师一方的力量，而是要靠家长与老师的双方合力。为此，家长就要做到与老师勤沟通，向老师了解"第一手信息"。

我们来看一则案例：

迪迪刚上一年级。有一次放学，迪迪跟妈妈说："妈妈，老师摔坏了我的铅笔。"迪迪的妈妈一听就愣住了，心想：老师为什么摔孩子的铅笔？除了摔铅笔是不是还骂孩子了？孩子闯祸了？无数个疑问在脑子里打转，越想越不安。

当天晚上，迪迪的妈妈和爸爸商量了一下，决定先冷静下来，与其这样浮想联翩，不如直接给老师打电话了解一下情况。

原来今天在上课时，迪迪没有听讲，一直在玩铅笔上的卡通小熊，老师帮迪迪换铅笔的时候不小心掉地上了，同时建议迪迪的父母不要给孩子买太花哨的文具。弄清情况后迪迪家长悬着的心终于放了下来，这件事情也告诉他们：与老师沟通很重要！

孩子的教育，离不开家校合作。家长与老师沟通得越顺畅，教育往往会越成功。而家长要想做到与老师进行有效沟通，就要注意如下几个方面。

（1）尊重并信任老师。

每一个孩子都是父母的心头肉，孩子在学校遇到事情，家长着急是很正常的。但是，我们需要知道的是，家长与老师、学校的关系不是敌对的，在"讨说法"之前应该先搞清楚事情的来龙去脉。沟通的重要基础是尊重，将心比心，家长与老师互相尊重、彼此信任，才能叩开真诚沟通的大门。

（2）做好计划，把握重点。

有的家长在与老师沟通时滔滔不绝，却没有几句讲在点子上。有一位老师曾告诉我，她有一次想跟家长沟通下孩子不按时交作业的问题，但聊着聊着就跑偏了，家长一直在抱怨自己带娃有多么辛苦、全家都要她操心、工作压力很大等，半个小时下来，也没能解决孩子的作业问题。

一个班里的学生是很多的，老师往往非常忙，所以家长与老师沟通时一定要直截了当，把握重点，节省双方的时间。建议在跟老师沟通前，家长可以列个提纲，把需要重点沟通的内容标记出来，然后简明扼要地对老师说明诉求，沟通会更有效率。

（3）注意沟通时间和频率。

有的家长不管老师有没有在上课、有没有在休息，只要自己想，就马上一个电话打过去，这样很容易引起老师的反感，不利于接下来的沟通。家长可以认真了解下课程表，对老师的上课时间有个大概了解；如果不是紧急的事情，可以先发信息约一下具体的沟通时间。

　　并且，我们要知道，与老师沟通一定要把握好一个度，不要太频繁。一个班的学生那么多，老师不可能每天与每位家长都保持联系。不过，也不能完全不与老师沟通，有些家长一个学期也不和老师联系一次，这样一来，老师不清楚孩子在学校出现的问题是不是和家庭有关，也没办法找出切实的解决办法。

　　一般来讲，如果孩子出现身体不适、情绪不稳、成绩波动等情况时要及时与老师沟通。平时可以每个月与老师联系两次，确保老师对孩子在家的状态有所了解，家长也能知道孩子在学校的表现。

（4）选择恰当的沟通方式。

有些家长觉得老师是服务人员，孩子送到学校就该享受老师的服务，以高高在上的态度面对老师，甚至随意干涉老师的正常教学；还有些家长脾气暴躁，只会"吵架"不会沟通，把一切责任都推到老师、学校身上，这些都是非常不可取的。

沟通是一门艺术。有时候，沟通时的语气、态度甚至一个眼神，就能决定沟通的结果。家长在与老师沟通时，不要随意打断、不要心不在焉，要学会管理自己的情绪，注意表达对老师工作的尊重和支持，积极回应、坦诚以待，才能形成正向循环，更有利于取得良好的沟通结果。

在辅导孩子写作业的过程中，家长与老师之间应该勤沟通、多交流，形成教育合力，并肩前行！通过家校合作，达到"1+1＞2"的效果，给孩子十倍、百倍的力量，让他的成长之路走得更加平稳、顺畅！

第八章

解除困惑，轻松应对作业辅导

　　"孩子写作业不主动，催都催不动。""东张西望，作业不专心，磨磨蹭蹭耗时间，怎么催都没用。""不会独立思考，遇到问题就停下来不动了。""孩子敷衍了事，作业完成就万事大吉了……家长在陪伴孩子写作业时，总会遇到各种各样的问题和困惑，虽然着急上火，但总是束手无策。其实，这些问题，只要父母稍加留意，都能迎刃而解。

孩子执行学习计划总是三分钟热度怎么办

很多家长经常抱怨："我家孩子写作业太费劲了，三催四请地坐到了书桌前，写作业就是坐不住，刚写了几分钟，不是要吃东西，就是要上厕所。三分钟热度，完全不能专注地写作业，总是磨磨蹭蹭到深夜才写完作业。"

孩子执行学习计划三分钟热度，不仅会导致孩子的学习效率降低，还会极大地耗费孩子和家长的精力。为了改善孩子做事"三分钟热度"的问题，我们就要找出其中的原因，并选择正确的方法帮助孩子去改正。

为什么孩子写作业总是坐不住

孩子写作业坐不住，总是三分钟热度，大致有以下几种原因：

（1）好奇心强，容易被外界事物吸引。

孩子正处在成长发育阶段，往往有较强的好奇心，容易被周围的事物吸引。如果在孩子写作业时，周围干扰因素较多的话，那么孩子的注意力则很容易被分散。

例如，孩子在写作业，家长在孩子旁边玩手机，孩子就很容易被手机吸引，分散写作业的注意力；再如，在孩子的书桌上放着他喜欢的动漫人物玩偶，孩子在写作业时，只要看到这个玩偶，注意力就会被分散。

（2）不愿被作业束缚，期望休闲活动。

与成年人相比，孩子往往更加活泼好动。孩子在学校经过一整天高强度的学习，放学后更想去户外自由活动，而不是继续在家中的书桌前写作业。因此，即便是迫于老师和家长的压力坐在了书桌前，也常常是"身在曹营心在汉"，一心想着外面的世界。

（3）缺乏毅力，遇到问题就想放弃。

写作业无疑是一项枯燥的工作，并且在写作业时，还常常会遇到各种各样的问题。如果孩子缺乏足够的恒心和毅力，遇到问题就非常容易放弃。

（4）缺少时间观念，做事不分轻重缓急。

有的孩子缺少时间观念，做事不分轻重缓急。放学回家后，并不想着第一时间先完成作业，再去做其他的事情。或是在写作业时，总是想着玩，导致写一会儿玩一会儿。如此，写作业的时间就会被拉长。

引导孩子聚焦作业的四大法宝

为了改善孩子做作业三分钟热度的问题，让孩子能够聚焦作业，全身心地投入到学习中，家长就要掌握以下四大法宝。

（1）培养孩子对学习的兴趣。

人们常说，对于热爱的工作，根本不需要刻意坚持，而是会自然而然地专注到这项工作中。要让孩子全神贯注地写作业，就要培养孩子对学习的兴趣。孩子只有自己爱上了学习，才能更加专注在学习上，自然就避免了写作业三分钟热度的问题。

（2）教导孩子做事要有始有终。

孩子做作业总是没有做完就去做其他的事情，不仅会影响作业质量，还会降低作业效率。为此，家长如果发现孩子在写作业的过程中，有中途放弃的倾向时，要及时制止，并告知孩子做事要有始有终。还可以在平常教孩子下棋、练习书法，以磨炼孩子的心性和耐心。

（3）提升孩子的注意力。

孩子在写作业时，容易被其他事物吸引，一定程度上是由于孩子的注意力不足导致的，为此，家长就要提升孩子的注意力。

比如，可以让孩子玩一些提升注意力的游戏：

①穿珠子。即用线将一些珠子穿在一起。

②找漏洞。即准备一列数字，家长把数字按照顺序读两遍，第一遍完整地读出，第二遍读时漏掉一个数字，在孩子听完后让孩子说出漏掉的数字。

（4）劳逸结合。

如果孩子放学回家后，状态很疲惫，此时如果让孩子马上做作业，孩子难免会因为疲乏中断学习。因此，家长不妨先带孩子出门放松一下，等孩子调整好状态后，再全身心地投入到作业当中。

学习，一定程度上是枯燥的，唯有坚持能够让人在学习之路上不断前进。执行学习计划总是三分钟热度，求学之路自然会变得困难重重。家长只有对孩子进行正确引导，才能帮助他克服这一弱点，更好地去执行学习计划。

孩子抄作业怎么办

孩子抄作业，无疑是每个家长最恼火、最心痛的事情。当发现孩子抄作业的时候，父母一定要先压住火，心平气和地和孩子沟通，问明白孩子抄作业的具体原因是什么，这有助于帮助孩子改掉这个毛病。

我们来看以下三则案例：

案例一：张先生的孩子正在读小学三年级。孩子在放假的时候总是不写作业，一直拖到假期的最后一天，才找来同学的作业本，随便抄抄应付了事，这让张先生大为恼火。

案例二：刘女士的孩子正在读初中一年级。在放寒假期间，刘女士的孩子为了能够出去旅游，在两天之内便完成了所有的寒假作业，作业做得又快又好。可是，刘女士却觉得非常蹊跷，以自己孩子的能力，是不可能在这么短的时间内完成作业的。后来，经过刘女士仔细地侦查，终于发现了孩子的秘密。原来，孩子把所有的试题都发到了网上，查到答案后就照抄了下来。刘女士知道原因后，既生气又难过，不仅没有带孩子出去旅游，还严厉地训斥了孩子一顿。

案例三：李先生的孩子周末休息时，总是周六疯玩一天，周日便召集三两个同学来家里，关上门一起做作业，几个人很快就能做完各科的作业，这让李先生感到非常疑惑："难道和同学一起写作业效率可以这么高吗？"后来，李先生才发现了其中的端倪。原来，几个孩子各有分工，每个人做一科的作业，然后再互相抄作业。

以上三个案例中孩子抄作业的情况，在实际生活中屡见不鲜。面对孩子抄作业的问题，家长在愤怒之余，不妨了解一下孩子抄作业的原因，并寻找针对性的解决办法。

孩子抄作业，离不开这些原因

任何事情的发生，都有一定的原因。孩子抄作业，大致有以下几个方面的原因。

（1）来不及。

很多时候，孩子抄作业是因为老师布置的作业太多，在规定的时间内根本无法完成。时间紧、任务重，迫使孩子不得不选择抄作业。

以初中为例，共有语、数、外、理、化、政、史7门功课。假如每个老师每天布置半个小时的作业量，7门功课的作业加起来就需要3个半小时才能完成。假设孩子从晚上7点开始做作业，中间不上厕所、不喝水，做完作业也要到10点半。况且，孩子在做作业的过程中，还有很多"绊脚石""拦路虎"，思考问题也需要一定的时间。可以说，孩子做作业做到深夜是常事。

面对如此紧张的作业任务，孩子有时不想抄作业，可是为了能够多一些休息时间，又不得不抄作业。

（2）懒得做。

孩子抄作业的另一大原因，是孩子惰性强，不喜欢动脑。他们觉得作业特别繁重，写作业特别累，懒得自己动脑，所以干脆抄作业。而且，如果孩子长时间抄作业，思维也会产生惰性，逐渐变得不会主动思考。

（3）不会做。

"不会做"也是孩子抄作业的原因之一。作业是为了复习、巩固学过的知识，而如果孩子没有掌握基本的知识，自然不会做作业中的题目。最后，孩子为了不受到责备，没有办法只能抄作业。

家长这样做，让孩子告别抄作业

家长如果发现孩子抄作业，不要一味地责骂孩子，而是要理性地看待这件事，并寻求合适的解决办法。

当我们发现孩子抄作业时，不妨这样做：

（1）别急着发脾气，问清原因是重点。

很多家长在发现孩子抄作业后，都会不问青红皂白，直接训斥批评，甚至会打骂孩子。可是，这样的做法除了给孩子的身心带来伤害，让亲子关系变得更加疏远外，并不能起到积极的作用。因此，家长如果发现孩子抄作业，别急着发脾气，问清原因才是重点。

家长需要冷静、耐心地与孩子沟通，只有知道孩子为什么抄作业，才能找出适合的解决办法。

（2）积极寻找解决对策。

在了解孩子抄作业的原因后，家长便要根据孩子的实际情况制定解决方案。

例如，如果孩子是因为作业太多，不能在规定的时间内完成而抄作业，家长就要联系任课老师，并征求各任课老师的意见，商议能否按照孩子的学习情况对作业数量进行调整；如果孩子是因为不会做而选择抄作业，家长也要积极与老师联系，帮助孩子寻找正确的学习方法；而如果孩子是因为自身懒惰而抄作业，家长就要加强对孩子的监督，宁可让孩子空着题目，也不能让其抄作业。通过这样强力的制约，消除孩子的惰性心理。

其实，孩子抄作业，并不是一个罕见现象，更不是一个无法修正的问题。当家长发现孩子抄作业时，大可不必将其看作一件"天塌下来"的事情，只需理性看待，并合理解决，便可杜绝孩子抄作业的现象。

孩子总是和比自己差的人比怎么办？

我们每一个人都有一套对事物的评判标准。在父母看来，往往更希望孩子多和比自己优秀的人比，从而找出自己的差距，不断进步。可是，事实上，有很多孩子更喜欢与比自己差的人比。这在父母眼里是没有上进心的表现。孩子之所以喜欢和不如自己的人相比，也许和父母急功近利的心态有关。

我们来看一则案例：

刘女士的儿子今年上六年级了，马上要小升初，这让刘女士倍感压力。可是，刘女士的儿子非但成绩不理想，更让刘女士伤心的是，即使自己已经为了儿子升初中的事情焦头烂额，可是儿子却不着急，学习不积极，每天放学回家都要先看半个小时的电视才肯去写作业。

刘女士见状，不禁责备儿子说："你马上就要小升初了，学习压力这么重，怎么还能浪费时间呢！你看看你的成绩，只有中等，难道你就不着急吗？"谁知儿子听了刘女士的话，只是毫不在意地说："我们班还有比我成绩差的呢，而且他们总是不完成作业，我好歹还能写完呢。"听了儿子的这番话，刘女士气不打一处来。

相信很多家长都曾遇到过与刘女士类似的问题。孩子总和比自己差的人比，让家长"恨铁不成钢"。其实，要改变孩子的这一问题并不难，我们只要找出其中缘由，便可对症下药。

和不如自己的人比，是什么心理动机

孩子总爱和不如自己的人比，家长要解决这一问题，首先要了解孩子为什么会这么做，其心理动机是什么。

其实，喜欢和不如自己的人比，大致有以下两个原因：

（1）"向下比较"可提升自尊心。

美国学者斯坦利·默斯和耐思·格雷曾经做过一个著名的实验：

他们将一些大学生分为两组，分别填写一份关于"自尊评价"的表格。其中，第一组的同学在填表之前的较长时间内，频繁接触一位不守纪律、不修边幅的"脏先生"；而第二组的同学在填表之前的较长时间内，频繁接触一位衣着光鲜、工作体面的"净先生"。

在接触一段时间后，两组同学便分别填写"自尊评价"表格。结果显示，接触"脏先生"的第一组同学的自尊心得到了明显提升，而接触"净先生"的第二组学生的自尊心却普遍有所下降。这一实验结果表明，向下比较，即与自己差的人比较，能够产生一定的心

理优越感，增加自信心。

（2）缺乏上进心，不愿向自己发出挑战。

如果孩子总喜欢不如自己的人比，一定程度上说明孩子缺乏上进心，他们不愿意与比自己优秀的人做比较，发现自己的不足然后不断进步，而是愿意从不如自己的人身上获得暂时的满足感。长此以往，孩子就会无法认清自己的真实实力，也就无法得到提升。

引导孩子多角度对比，而非一味"向下看"

众所周知，孩子如果一味地和不如自己的人比，就不能及时发现自己的不足，很难取得进步。为解决这一问题，家长就要引导孩子进行多角度对比，而非一味地"向下看"。

（1）消除孩子的虚荣心。

一定程度上，孩子总和不如自己的人比，是孩子的虚荣心在作祟，看到别人不如自己便会骄傲，看到自己不如别人便会自卑。针对这一问题，家长就要消除孩子的虚荣心，让孩子学会理性看待自己的优点和缺点。

（2）引导孩子"向上看"。

所谓"向上看"，指向比自己优秀的人看齐。家长要引导孩子多接触比自己优秀的人，并从中学习优点，取长补短，而非一味和不如自己的人比以获得满足感。

（3）引导孩子"横向看"。

所谓"横向看"，指孩子与以往的自己比。和他人比较，只是发现不足的其中一个方法。更重要的是学会和自己比，只有自己能够在原有的基础上不断获得进步，才能实现个人的成长。

对比，是一个快速了解自身不足的途径。家长不妨多一点耐心，引导孩子学会多角度对比，从不同的角度出发，全方位地看待自己，以获得全面的进步。

孩子学习态度消极怎么办

学习态度，指学习者对学习较为持久的肯定或者否定的行为倾向，往往可以从学生对待学习的注意力、情绪和意志力等方面的表现加以判定。学习态度对学习效果具有至关重要的作用和影响。积极的学习态度能够让孩子时刻保持学习热情，在求学之路上不断进取，而消极的学习态度却让孩子的学习之路举步维艰。

孩子学习态度消极的三种表现

众所周知，消极的学习态度不利于孩子学习。可是，如何判断自己的孩子是否存在消极学习态度，却是很多家长的疑问所在。实际上，想要判断孩子是否存在消极的学习态度，观察孩子的学习表现即可。通常，学习态度消极会有以下三种表现。

（1）厌学。

厌学，指孩子在思想上对学习失去兴趣，产生厌倦情绪。具有厌学情绪的孩子，往往缺乏明确的学习目标和兴趣，会出现听课不认真、不完成作业、害怕考试、旷课逃学等现象。

（2）放纵。

放纵，指孩子在学习过程中，面对各种规则，采取消极态度，无视规则，一味按照自己的主观意愿行动的行为。

放纵，可以分为心理上的自我放纵和身体上的自我放纵两种。

孩子如果在心理上自我放纵，其表现通常为不喜欢深度思考，仅以事物的表象决定自己的喜怒哀乐和行为。他们不爱思考、不善总结，内心常常充满了迷茫与脆弱。

而孩子如果在身体上自我放纵，则往往表现为到了睡觉的时间不睡觉，反而熬夜游戏、娱乐；不喜欢运动，身体逐渐虚弱；课堂上不遵守课堂纪律，随意走动等。

（3）愤怒。

愤怒，指孩子的个人欲望与意图遭到妨碍或拒绝时而产生的一种消极情绪。

例如，孩子经常因为一点儿小事和同学争吵打架；孩子因为父母的一句话，而歇斯底里地和父母喊叫；老师批评自己后，不但不反思，反而对老师产生了怨念，甚至做出过激行为。

积极的学习态度是良好学习的基础保障

学习态度对学习行为和学习效果具有直接影响。积极的学习态度，可以提高孩子的学习效率。

学习态度在学习中的重要作用大致有以下三点：

（1）学习态度调节学习行为。

学习态度调节学习行为，主要表现在学习对象和学习环境两方面。首先，如果学习态度积极，学习对象符合自己的价值观，则更加容易理解、记忆学习对象。其次，拥有良好的学习态度，即使学习环境不尽如人意，孩子仍然能够进行自我调节，避免由于学习环境差而对学习产生负面影响。

（2）学习态度影响学习效果。

相关心理学研究结果表明，学生的学习态度会直接影响学习效果与成绩。那些学习态度积极、对学习抱有极大热情的学生，上课认真听讲，按时完成作业，学习成绩优异。相反，那些学习态度消极、认为学习无用的学生，在课堂上会有更多行为问题，学习效果也不理想。

（3）学习态度影响耐受力。

所谓耐受力，指一个人遭遇挫折后，摆脱困扰而避免心理和行为失常的能力。对于孩子来说，学习态度会在很大程度上影响其耐受力。

一个拥有积极学习态度的孩子，即使在学习过程中会遭遇挫折和阻力，仍然可以保持较高的耐受力，在困难面前表现出吃苦耐劳、勇往直前的精神；而如果孩子学习态度消极，在遇到困难时，往往表现出耐受力差、灰心丧气，甚至一蹶不振。

转变学习态度，只需这三步

学习态度对于孩子的学习行为和学习成绩具有非常重要的影响。因此，家长就要学会如何帮助孩子转变消极的学习态度。

通常，转变学习态度，需要以下三个步骤：

（1）说服，转变孩子对学习的认识。

认识是态度的基础，要转变学习态度，首先要转变孩子对学习的认识。一些孩子认为学习无用，或是学好学坏都是一样，在校读书不如早点挣钱……这些错误认识，导致了孩子面对学习的消极态度。

因此，家长要对孩子采取说服教育，教育孩子放眼未来，以强有力的事实作为依据，转变孩子对学习的错误认识，进而转变孩子消极的学习态度。

（2）帮助，让孩子在成就感中消除消极情绪。

教育实践结果表明，一些孩子之所以会对学习产生消极态度，很大原因是他们在学习中多次遭遇挫折和失败。他们在多次打击下积累了消极情绪体验，进而对学习产生了消极态度。为此，家长要帮助孩子掌握学习方法，提升学习成绩，在成就感中慢慢消除消极情绪。

（3）改革、改善教学方法。

老师的教学方法不当，同样也会让孩子产生消极的学习态度。例如，任课老师的教学方法呆板，讲授的内容枯燥无味，孩子就会渐渐地对这门学科失去兴趣。为此，家长要与学校老师进行沟通，改善教学方法，激发孩子的学习兴趣。

态度决定选择，态度决定思路，态度决定成败。孩子学习态度不消极，才会愿意学习，也才会学好。家长要时刻关注孩子的学习情绪和学习态度，当其出现消极态度时，及时予以纠正，以保证孩子良好的学习效果。

孩子写作业有"橡皮综合征"怎么办

爱孩子就要懂孩子。你是否了解孩子的"橡皮综合征"？写作业时，稍有一点儿不满意，就喜欢用橡皮不停地擦擦擦，直到纸被擦破。每天做完作业，桌上都有一大堆橡皮屑；有时候一页作业就要用掉半块橡皮。孩子每次写作业都很认真，一放学回到家中就迫不及待写作业，一写写到大半夜……

我们来看一则案例：

甜甜是一个三年级的女孩子。她性格乖巧，学习成绩在班级里也总是名列前茅，亲戚朋友和老师都非常喜欢她。不过，甜甜的妈妈最近却因为甜甜的一个举动忧心忡忡。

原来，甜甜的妈妈在陪甜甜写作业时，发现甜甜写作业特别慢。只要有一个字写得稍微有一点点不工整，甜甜就会马上拿橡皮擦掉重写。而且，如果不能一次修改到自己满意，田田还会进行多次涂抹修改，甚至会把作业本擦破，也正是因为这样，使得甜甜每天写作业的时间被拉长了许多。

有时，妈妈看不过去，便提醒甜甜说："不用这么紧张，一两个字不整齐不要紧的，接着往下写就行了。"可是甜甜听了这些话，不仅没有改正自己的行为，反而表现得更加烦躁，甚至会向妈妈发脾气。为此，甜甜的妈妈感到很苦恼，她想了很多办法，可是都成效甚微。

甜甜的情况并不是个例，相信很多家长都曾遇到过与甜甜妈妈同样的困惑。其实，孩子有类似甜甜的这种行为，很可能是得了"橡皮综合征"。

什么是"橡皮综合征"

所谓"橡皮综合征"，指孩子在写作业时，非常喜欢用橡皮擦。写作业时，写了又擦，擦了又写，反反复复直到把作业本擦得皱皱巴巴，甚至破损，更有甚者离开了橡皮就无法正常进行写作业这一项活动，心理学家将这种情况定义为"橡皮综合征"。

相关调查结果显示，当前有30%以上的小学低年级学生患有不同程度的"橡皮综合征"，其形成的主要原因是孩子害怕出错，由此而产生了较大的心理压力。

"橡皮综合征"会引发一系列问题，不仅会对孩子的学习效率产生严重的负面影响，还会对孩子的成长形成极大的阻碍。因此，家长如果发现孩子存在"橡皮综合征"，就要引起足够的重视，并积极寻找解决办法。

面对"橡皮综合征"，做好这些是关键

面对孩子的"橡皮综合征"，家长要做好以下几点：

（1）父母自身要放松，给孩子正向影响。

不可否认，父母对孩子的影响是潜移默化且能量巨大的。家长的做法、心态在很大程度上会影响孩子。如果父母对任何事情都表现得非常焦虑，不做到最好决不罢休，那么就会给孩子造成一定的心理压力。孩子会由此形成心理暗示：自己也要做得像父母一样好才行，从而导致孩子做事谨小慎微，充满压力。

而如果父母自身能够做到放松，孩子也会相对地放松自己的心态。因此，要改善孩子的"橡皮综合征"，首先父母自身要放松，给孩子正向的影响。

（2）避免指责孩子，用奖励手段达到纠正目的。

很多家长在发现孩子出现"橡皮综合征"时，总会在心底不自觉地嫌弃孩子麻烦，甚至会指责孩子。其实，家长这样的做法非但不能纠正孩子的行为，反而会增加孩子的压力，让孩子变得愈发紧张。因此，我们面对孩子的"橡皮综合征"，不妨通过奖励的手段来达到纠正孩子行为的目的。例如，耐心地引导孩子减少使用橡皮的次数，当孩子取得一定的成果后，便可以给孩子一定的奖励。

（3）对孩子进行"脱敏训练"。

所谓脱敏训练，指家长强制没收孩子的橡皮，在孩子写作业时，避免让其接触到橡皮。如此，经过一段时间的强化训练，孩子的"橡皮综合征"也会得到一定的改善。

在学习的高压之下，孩子可能会出现"橡皮综合征"之类的不良行为。作为家长，我们需要了解、正视孩子出现的问题，并积极寻找解决方法帮助孩子修正行为。如此，才能陪伴孩子更好地学习。

孩子学习很努力，
可是成绩就是上不去怎么办

"一分耕耘一分收获"，有时候也可能是个假命题。有付出就有回报，可是在现实生活中，明明就有一种人按时上班，按时下班，努力工作，但是业绩就是上不去。有一种孩子上课认真听讲，放学后写作业到深夜，但是一考试成绩就是不理想。很多家长都有这样的困惑：我家孩子学习明明很努力，一回到家就写作业，平时也很用功，可为什么成绩总也上不去呢？

为什么孩子努力学习却收效甚微？

孩子存在努力学习，成绩却总也上不去的问题，这无疑是让家长最为焦虑的事情。面对这样的困境，很多家长不禁会想：孩子学习这么努力，成绩依然不理想，难道真的是孩子的智商低、能力差吗？

实际上，孩子出现这样的情况，不一定是孩子智商低，而是学习方法出了问题。

（1）苦学无计划，一直在做无用功。

很多孩子学习虽然很努力，成绩却依然不理想，其中一个原因是他们没有找到学习方法，学习没有系统和计划，一直都在做无用功。

如果孩子在学习过程中，没有计划，没有目的，那么就很难形成自己的知识体系。孩子对于很多学习的内容都是死记硬背，机械地记忆学习，无法做到举一反三。他们并没有真正理解所学知识，更加无法灵活运用。所以，在考试时碰到类似的题目，依然不会解答。

　　（2）学习底子薄，基础知识掌握不牢固。

　　孩子在学习上花费了不少时间，成绩却依然提不上去，还有可能是因为孩子的基础知识掌握不牢固，学习底子太薄。如果孩子存在这样的问题，那么即使孩子花费再多的时间学习，也依然很难提升学习成绩。

（3）假装勤奋，边看答案边做题。

孩子在写作业时，是真的进入到深度思考，还是假装勤奋，照抄答案？不同的学习状态会产生截然不同的学习效果。有时候，虽然家长看到孩子是在书桌前努力做题，可是，实际上孩子可能在假装勤奋，边看答案边做题。

孩子做作业不动脑筋，一遇到问题就抄答案，久而久之会养成依赖答案的心理。如此，当孩子在考试中遇到难题后，依然会想要抄答案，可是考场上却没有答案可抄，由此导致学习成绩不理想。

有效努力，才是真的努力

孩子虽然看上去学习很努力，可是学习成绩却不理想，是存在诸多缘由的。为了改变这一情况，家长就要善于引导孩子做出有效努力，避免出现上述问题。

（1）掌握学习规律，找对学习方法。

孩子付出了努力，却无法提升学习成绩的一大原因是孩子没有掌握学习规律，学习杂乱无章。这种没有方法的苦学自然无法起到提升学习成绩的实际作用。为此，家长和老师要引导孩子掌握学习规律，找对学习方法，不再做漫无目的的苦学。

首先，家长要帮助孩子制订合适的学习计划，让学习目标清晰可见，学习时有章可循。

其次，让孩子掌握各学科的学习方法，努力提升学习效率。

最后，引导孩子掌握学习规律，固定孩子的学习时间，保持良好的学习习惯，劳逸结合。我们需要时刻谨记：掌握学习规律，找对学习方法，胜过无规律、无计划地埋头苦学。

（2）明确薄弱环节，夯实基础知识点。

正所谓万丈高楼平地起，孩子的基础知识掌握不牢固，做再多的试题也是枉然。因此，家长就要帮助孩子寻找学习上的薄弱环节，夯实基础知识点。

首先，梳理孩子的学习情况，找出薄弱环节，包括掌握不扎实的内容、容易丢分的知识点等。

其次，整合知识点，形成知识体系。把需要学习的知识点进行知识分类，做成思维导图，让零散的知识在自己的脑子里形成条理清晰的知识点，方便记忆、掌握。并且，每学一个新的知识点，就要将新知识点与旧知识点进行融合，以便进行理解记忆。

最后，做题时注意反思、归类，整理不同类型试题的解题思路，并作为重要的复习对象。

（3）重视学习过程，杜绝抄答案。

孩子边写作业边看答案，无疑会养成过度依赖心理，逐渐消磨孩子主动思考的能力。因此，家长要在孩子写作业时，做好监督工作，坚决杜绝抄答案的情况发生。

现实生活中，孩子做无效努力的情况很常见。想要从"无效努力"转变成"有效努力"，需要家长教会孩子寻找学习规律，合理利用时间，提高学习效率，这样付出的努力才会有回报。